Knaurs Taschenlexikon

Rente

Knaurs Taschenlexikon

Rente

Inhalt

Wie viel Rente braucht der Mensch?

Wann für jeden Menschen die richtige Zeit ist, sich mit seiner Rente zu beschäftigen, ist natürlich jedem Einzelnen selbst überlassen. Während sich so mancher schon mit 18 gerne ausrechnet, was er nach seiner Pensionierung zu erwarten hat, haben andere einen regelrechten Widerwillen dagegen, an die Rente zu denken. Die Beschäftigung mit der Rente hat für sie einen Beigeschmack von Untätigkeit und Verlust, und sie schieben das Thema von sich weg.

Rente ist individuell

»Altersvorsorge? Aber ich bin doch gerade erst 25 Jahre und habe erst angefangen zu arbeiten! Mein Geld stecke ich lieber in Urlaubsreisen!«

»Altersvorsorge? Meine Kinder sind klein, das Auto ist kaputt, und die Darlehensraten sind fällig – im Moment bleibt dafür nichts übrig.«

»Altersvorsorge? Die Ausbildung meiner Kinder ist teuer, und ab und zu ein wenig Luxus ist in unserem Alter wohl schließlich erlaubt – für die Rente arbeite ich doch noch 20 Jahre!«

»Altersvorsorge? Ich bin jetzt über 50, da lohnt es sich doch eh nicht mehr, dass ich mich um eine zusätzliche Altersvorsorge kümmere. Was kommt, das kommt eben!«

Doch wenn auch Sie das Thema bisher immer »umschifft« haben, sollten Sie sich, zumindest der reinen Information halber, einmal intensiv mit allen Aspekten der Rente beschäftigen. Denn niemand schreibt Ihnen vor, was Sie ab dem sechsten Lebensjahrzehnt machen. Ob Sie um die Welt reisen, einen Internet-Versandhandel gründen, eine Wohnung kaufen oder auf Schnäppchenjagd im Supermarkt gehen – das bleibt ganz Ihnen überlassen.
Je früher Sie sich mit der Sicherung Ihres Lebensstandards in späteren Jahren beschäftigen, desto wahrscheinlicher ist es, dass aktuelle Stichworte wie Altersarmut, Versorgungslücke, Langlebigkeitsrisiko, Rentnerschwemme Sie nicht betreffen werden.

Setzen Sie schon früh auf ein cleveres Baukastensystem, um sich nach 60 neue Träume erfüllen zu können.

Denn die Fakten, die unsere Rentenlandschaft gestalten, sind wenig erfreulich: die Alterspyramide bröckelt, die Bevölkerungsstruktur verändert sich, unser Rentensystem wird in jedem Fall angepasst und wir müssen alle aufpassen, dass wir nicht den Anschluss verpassen. Mit den Beiträgen in die gesetzliche Rentenversicherung darf das Thema Zukunft nicht erledigt sein. Wir zeigen in diesem Buch, wie Sie schon früh weitere Standbeine aufbauen.

Ihre persönliche Altersvorsorge

Wer sich zum ersten Mal mit dem Rentensystem befasst, hat vielleicht die Befürchtung, dass er im Dickicht der gesetzlichen Bestimmungen und Regelungen nicht die Informationen findet, die ihn persönlich betreffen und interessieren. Wir haben deshalb eingangs alles, was zum Grundverständnis des Rentensystems wichtig ist, herausgegriffen. Auf den kommenden Seiten können Sie sich so rasch ein Basiswissen über die gesetzliche Rente verschaffen. Und Sie erhalten eine Schritt-für-Schritt-Anleitung für die Berechnung Ihrer persönlichen Situation ab dem sechsten Lebensjahrzehnt.

Unser Rentensystem

Wenn wir von der Rente sprechen, meinen wir meist das Einkommen, das wir nach dem Ende unserer Erwerbstätigkeit »automatisch« beziehen werden. Die Rente ist eine Säule der sozialen Leistungen des Staates, und die Bestimmungen rund um das Rentensystem sind gesetzlich geregelt. Die wichtigste Schaltstelle ist die gesetzliche Rentenversicherung. Diese Institution dient dem Ziel, mit speziellen Geldmitteln (Rentenbeiträge) den Lebensstandard zu erhalten, den wir uns im Laufe unseres Erwerbslebens erschaffen haben. Die gesetzlichen Regelungen zur Rentenversicherung wurden wiederholt weiterentwickelt und ergänzt.

Doch der Begriff der Rente ist vielfältiger. So spricht man von einer Rente bei jeder beliebigen Zahlung, die in festgelegten zeitlichen Abständen erfolgt.

In der Vergangenheit bestritt der Großteil der Bevölkerung in Deutschland seinen Lebensunterhalt nach der Pensionierung ausschließlich durch die gesetzliche Rente. Doch heute gewinnen zunehmend andere Finanzierungsformen an Bedeutung, da in Deutschland die Bürger während des Erwerbslebens bestrebt sind, klug mit ihrem Geld zu arbeiten: Als Einkommensquelle im Rentenalter werden daher z. B. die Zinsen aus angelegtem Kapital genutzt – oder auch periodische Auszahlungen des angelegten Kapitals selbst. Auch Lebensversicherungspolicen können Teil der Rente sein. Da die Bedeutung solcher zusätzlichen und damit privaten Altersversorgungsmaß-

Heute kann man sogar in der staatlichen Lotterie Rentenzahlungen gewinnen.

nahmen (im Gegensatz zu betrieblichen oder staatlichen) in den vergangenen Jahren deutlich zugenommen hat, wollen wir Ihnen all die verschiedenen Bausteine vorstellen, aus denen Sie Ihre »Rente« zusammenstellen können.

Das Prinzip unserer Rentenversicherung

Haben Sie gewusst, dass die finanziellen Reserven der gesetzlichen Rentenversicherung gering sind? Sie reichen etwa für einen Monat aus!

Nur wenn ständig genug Erwerbstätige ihre Beiträge in die Rentenversicherung einzahlen, können die Rentenzahlungen an die Rentenempfänger gewährleistet werden.

Im Rahmen des so genannten Umlageverfahrens werden die Beiträge der Erwerbstätigen von heute also nicht angespart. Die eingehenden Zahlungen werden sofort zur Finanzierung der Renten der Senioren von heute verwendet. Wer arbeitet, führt also Rentenversicherungsbeiträge ab und finanziert so die Rente derer, die nicht mehr arbeiten. Für die eigene Zukunft bedeutet dies: Wenn man gearbeitet und Beiträge für die Rentenversicherung geleistet hat, sind wieder andere da, die für diese Rente arbeiten, wenn man selbst »in Rente geht«. Man spricht in diesem Zusammenhang vom »Generationenvertrag«, da alle Generationen über die Rente direkt verbunden sind.

Die Nachteile

Dieses an sich gut und gerecht arbeitende Prinzip funktioniert nur so lange, wie das Verhältnis zwischen arbeitenden jungen Menschen und älteren Menschen, die bereits in Rente sind, stimmt. Aufgrund der aktuellen Bevölkerungsstruktur wird die Erfüllung des Generationenvertrages aber immer schwieriger. Da in Deutschland immer weniger Kinder geboren werden und dabei die Lebenserwartung der älteren Menschen zunimmt, stehen weniger junge, arbeitende Menschen mehr älteren Menschen gegenüber, deren Renten sie finanzieren müssen. Und die Bundesrepublik Deutschland ist kein Einzelfall.

Wenn man älter wird, sollten die Kämpfe des Lebens vorüber sein. Nun ist es Zeit, das Erreichte zu genießen.

Die Lösung für die Zukunft

Ein Satz aus der Informationsbroschüre der BfA macht deutlich, was auf uns zukommt: »Die Jüngeren finanzieren mit ihren Beiträgen die Renten der Älteren und sorgen gleichzeitig für ihre eigene soziale Absicherung.«
Erwerbstätige von heute leisten also ihren Beitrag zu den aktuellen Renten, müssen aber auch gleichzeitig ein zweites Standbein für ihre Altersvorsorge aufbauen. Nur eine Änderung der Altersverhältnisse der Bevölkerung könnte die Situation korrigieren. Doch das ist unwahrscheinlich: Nach heutigen Berechnungen wird in Europa der Anteil älterer Menschen von jetzt 20 auf 35 Prozent (2050) steigen.

Im Gegensatz zu früher sind Senioren heute auch im Rentenalter noch aktiv – im Fitnesscenter, auf dem Golfplatz oder im Urlaub.

Die Wünsche ändern sich

Noch in der Mitte des vergangenen Jahrhunderts war der typische alte Mensch ein Mensch, der sich einschränken musste. Heute hat Deutschland aktive Senioren. Sie sind schick gekleidet, trainieren im Fitnesscenter, vergnügen sich auf dem Golfplatz oder im Urlaub. Sie fahren ein schönes Auto, genießen gutes Essen im Restaurant und wohnen in ihrer eigenen Immobilie. Man lässt es sich gut gehen, denn schließlich hat man ein arbeitsreiches Leben hinter sich. Doch wer sich sein Leben ab dem sechsten Lebensjahrzehnt wie eine Belohnung vorstellt, muss es finanzieren.

Den Lebensstandard erhalten?

Die gesetzliche Rente sichert heute nicht mehr als eine einfache Grundversorgung. Es gilt: Wer morgen in Rente geht, muss von einem auf den anderen Tag mit etwa einem Drittel weniger im Geldbeutel klarkommen. Ein aktueller Werbeslogan meint dazu: »Ist doch ganz einfach, statt drei Joghurts essen Sie nur noch zwei, von drei Zimmern vermieten Sie eines unter, und Ihr Auto lassen Sie einfach ein Drittel der Zeit stehen ...«

So einfach ist es aber nicht. Sie wollen Ihren Lebensstandard auch im Rentenalter halten? Nicht nur das, eher im Gegenteil! Da kommen durch die größere Freizeit auch ein paar Extrawünsche auf, die nur erfüllt werden können, wenn dafür auch eine finanzielle Grundlage vorhanden ist. Doch wer weiß: Vielleicht geht in späteren Jahren auch alles nicht mehr so schnell, und Sie hätten gerne eine Hilfe im Haushalt oder für den Garten?

Extras finanzieren

Schon heute finanzieren Senioren ihre »Extras« meist aus zusätzlichen Geldquellen und nicht aus der gesetzlichen Rente. Aber für die zukünftigen Rentner wird der finanzielle Rahmen deutlich noch enger. Warnende Stimmen bereiten uns alle auf diese kommenden Umstellungen vor. Ein paar Zitate aus der Presse verdeutlichen dies. Die Formulierungen für ein und denselben Tatbestand sind vielfältig:

Die neue Grundsicherung stellt den grundlegenden Bedarf für den Lebensunterhalt sicher. Sie spart bei geringen Renten den Gang zum Sozialamt.

»Die gesetzliche Rente wird in Zukunft langsamer steigen als heute.«

»Sowohl Bestandsrentner als auch künftige Rentnerjahrgänge werden einen etwas flacheren Rentenanstieg hinnehmen müssen.«

»Ein weiterer Berechnungsfaktor wird weitere Rentenerhöhungen minimal bremsen, wobei der Gesetzgeber Maßnahmen ergreifen muss, falls das Nettorentenniveau unter 67 Prozent sinkt.«

Bausteine der gesetzlichen Altersvorsorge

Wenn man die Bevölkerungsentwicklung beobachtet und die eher skeptischen Pressestimmen liest, kann man sich ohne weiteres eine Verschlechterung der eigenen finanziellen Situation im Alter ausmalen.

Nennen wir den Standardrentner mit einem jährlichen Durchschnittseinkommen einfach Herrn Mustermann.

Doch wie sieht die Situation im Moment tatsächlich aus? Wenn in Deutschland von staatlicher Seite über die Rente nachgedacht wird, dann spricht man vom Standard- oder Eckrentner.

Herr Mustermann, unser Standardrentner, hat 45 Jahre gearbeitet und in dieser Zeit seine Beiträge zur gesetzlichen Rentenversicherung geleistet. Natürlich hatte er immer ein durchschnittliches Einkommen (→ Tabelle, Seite 45). Im Jahr 2001 waren das immerhin € 27 959,49 (damals noch: DM 54 684,00). Pro Monat hatte er also gerundet etwa € 2 330 brutto zur Verfügung. Davon musste er noch Steuern und Sozialversicherungsbeiträge zahlen.

Jetzt bekommt Herr Mustermann seine Standardrente: Aktuell sind das € 1 138,73, wenn Herr Mustermann in den alten Bundesländern lebt. In den neuen Bundesländern erhält er € 992,45. Die Rentenbeträge sind nicht wie ein Nettoverdienst zu sehen: Herr Mustermann zahlt davon jeweils noch seine monatlichen Beiträge zur Kranken- und Pflegeversicherung.

Sind Männer und Frauen gleichgestellt?

Bei der Berechnung der Rente werden Männer und Frauen grundsätzlich gleich behandelt. Das heißt, wenn also Frau Mustermann einen Lebenslauf aufweisen kann, der bezüglich Einkommen und Kontinuität mit dem von Herrn Mustermann vergleichbar ist, dann ist ihre Rente genauso hoch wie die eines Mannes.

Wenn man jung ist, fällt das Aufbauen leicht. Es ist die beste Zeit, um auch über die eigene Zukunft nachzudenken.

Aber Herr Mustermann, unser Standardrentner, ist nur eine erfundene Person. Erfunden zu Vergleichszwecken der gesetzlichen Rentenversicherung. Tatsächlich gibt es in der Realität nur etwa 50 Prozent Männer und zirka fünf Prozent Frauen, die einen so einheitlichen Lebenslauf vorzuweisen haben!

Es gibt viele abwechslungsreiche Lebensläufe

In der Realität sehen Lebensläufe und Erwerbsbiographien uneinheitlicher und ungleichmäßiger aus. Gerade Frauen, die heute in Rente gehen, können oftmals deutlich weniger Beitragsjahre für die Rente angeben – insbesondere in Westdeutschland. Ihnen fehlen schnell 15, sogar 20 Beitragsjahre im Vergleich zu unserem Standardrentner. Einer der wichtigsten Gründe für diese »Fehlzeiten« sind die Zeiten, in denen sich Frauen um die Familie gekümmert und nicht verdient haben. In diesen so genannten Familienzeiten hatten Frauen kein Einkommen, sie führten keine Beiträge an die Rentenversicherung ab und können deshalb keine Rente für diese Zeit beantragen. Auf diese Art und Weise können bei Frauen schnell einige solcher Lücken entstehen.

Theoretisch sind Männer und Frauen gleichgestellt. In Wirklichkeit haben Frauen schlechtere Renten.

Besonders Frauen müssen oft aufgrund sozialen Engagements ihre Beitragszahlungen für die Rentenversicherung unterbrechen. In diesen Fällen hat die Pflegeversicherung seit 01. April 1995 schon eine deutliche Verbesserung gebracht. Denn wer pflegebedürftige Menschen wenigstens 14 Stunden in der Woche pflegt, ist nun auch ohne eigene Beitragszahlung pflichtversichert.

Auch wer Angehörige oder andere Menschen unentgeltlich pflegt, kann in dieser Zeit keiner Erwerbstätigkeit nachgehen.

Ebenso wie lange Ausbildungszeiten können Krankheit, Arbeitslosigkeit oder Schwangerschaft vor dem Eintritt ins Erwerbsleben Lücken in den Rentenlebenslauf schneiden.

Versicherungslücken

Versicherungslücken entstehen aber häufig schon beim Übergang von der Ausbildung ins Berufsleben. Manch einer macht nach dem Schulabschluss oder nach dem Studium die lang ersehnte Weltreise, ein anderer sucht sich seinen künftigen Arbeitgeber in aller Ruhe aus und macht einmal eine Pause. Ein Element der Reform 2001 war die Schließung solcher Lücken bei jungen Versicherten.
Über die Verteilung der tatsächlich ausgezahlten Rentenbeträge gibt die Grafik auf Seite 20 einen Einblick.

Nehmen Sie Ihre Zukunft in die Hand

Nach all den unterschiedlichen Lebensläufen, die wir kurz betrachtet haben, soll nun die Situation des Einzelnen, wie sie sich am Ende des Erwerbslebens darstellen kann, im Mittelpunkt stehen.

Rente – (k)ein Grund zum Optimismus!

Obwohl sicher ist, dass Sie als Beitragszahler mit einer Rente rechnen können, denn die Beitragszahler haben einen Rechtsanspruch darauf, lässt sich über die Höhe der zu erwartenden Rente keine konkrete Aussage machen.
Sicher ist nur: Die Säule der gesetzlichen Altersvorsorge wird aufgrund der Altersstruktur der Bevölkerung in Deutschland in der Zukunft kürzer sein müssen, als sie es in der Vergangenheit war. Deshalb wird seit der Rentenreform der Einzelne immer eindringlicher darauf hingewiesen, dass er gut daran tut, sich zusätzlich um eine Eigenversorgung zu kümmern.
Denn tatsächlich machen sich die wenigsten zukünftigen Rentner ein richtiges Bild dessen, was sie am Ende ihres Erwerbslebens erwarten können. Etwa 15 Prozent der Arbeitnehmer erwarten eine Rente, die doppelt so hoch ist

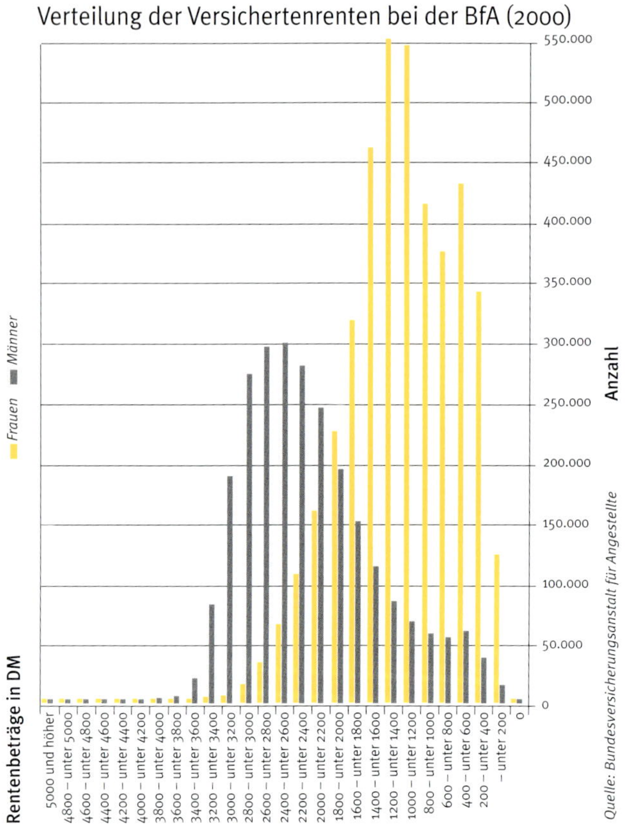

Verteilung der Versichertenrenten bei der BfA (2000)
Frauen
Männer
Anzahl
550.000
500.000
450.000
400.000
350.000
300.000
250.000
200.000
150.000
100.000
50.000
0
Rentenbeträge in DM
5000 und höher
4800 – unter 5000
4600 – unter 4800
4400 – unter 4600
4200 – unter 4400
4000 – unter 4200
3800 – unter 4000
3600 – unter 3800
3400 – unter 3600
3200 – unter 3400
3000 – unter 3200
2800 – unter 3000
2600 – unter 2800
2400 – unter 2600
2200 – unter 2400
2000 – unter 2200
1800 – unter 2000
1600 – unter 1800
1400 – unter 1600
1200 – unter 1400
1000 – unter 1200
800 – unter 1000
600 – unter 800
400 – unter 600
200 – unter 400
– unter 200
0
Quelle: Bundesversicherungsanstalt für Angestellte

wie der Betrag, mit dem sie im Alter dann aber tatsächlich auch rechnen können. Nur knapp ein Drittel schätzt seine zukünftige Rente in etwa in der richtigen Höhe ein!

Beugen Sie Überraschungen vor

Daraus ergibt sich der Schluss: Wer sich ausschließlich auf die gesetzliche Rente verlässt, der wird wahrscheinlich – verglichen zu seinem heutigen Nettogehalt – später im Pensionsalter überraschend vor einer Versorgungslücke stehen. Dies gilt es so rasch wie möglich zu verhindern.
Deshalb bedeutet das für den Einzelnen: Eigenverantwortung und Eigeninitiative sind angesagt!
Und diese Eigeninitiative wird jetzt sogar teilweise durch den Gesetzgeber gefördert. Mit den neuesten gesetzlichen Änderungen der Rentenreform 2001 wurde die Säule der privaten und der betrieblichen Vorsorge gestärkt.

Ihr Weg zur eigenen Altersvorsorge

Der Weg zur richtigen Altersvorsorge ist eigentlich gar nicht so schwer. Wichtig ist nur, dass man sich innerlich auf die Reise begibt und den ersten Schritt überlegt tut.
Wir haben Ihnen dazu einen Weg mit sechs Punkten beschrieben, der Sie mit Sicherheit gut an Ihr Ziel führt:

1 Zuerst werfen Sie einen gründlichen Blick auf Ihre aktuelle finanzielle Situation. Durch die Betrachtung Ihrer laufenden Einnahmen und Ausgaben können Sie sich einen sehr guten Einblick darüber verschaffen, mit welchen Kosten Ihr aktueller Lebensstandard verbunden ist. In diesem Zusammenhang wird auch klar, ob und wie viel Geld Sie für weitere Maßnahmen der Altersvorsorge noch übrig haben.

2 Der zweite Schritt ist nur deshalb etwas schwieriger, weil Sie einen Blick in die Zukunft werfen müssen. Es geht um die Beantwortung der Frage, wie Sie sich Ihre weitere Lebensplanung vorstellen. Konkret heißt das, Sie sind gefordert, Ihr »Leben nach der Arbeit« in Geldwert zu fassen und so gut es geht festzuschreiben, wie viel Geld Sie im Ruhestand brauchen.

Statt Vollversorgung kann der heutige Beitragszahler in Zukunft nur eine Basisversorgung erwarten.

3 Ihrem so ermittelten späteren Finanzbedarf stellen Sie als Nächstes Ihre wahrscheinlichen Einnahmen im Rentenalter gegenüber. Dafür rechnen Sie neben Ihrer monatlichen gesetzlichen Rente alle Elemente der privaten und betrieblichen Altersvorsorge zusammen.

4 Sind die Einnahmen, die Sie erwarten können, dann allerdings kleiner als Ihre voraussichtlichen Ausgaben,

haben Sie somit Ihre Versorgungslücke (→ Seite 32) identifiziert.

5 und 6 Mit den letzten beiden Schritten schließen Sie wohl überlegt diese Versorgungslücke, falls sie besteht.

1. Schritt: Kassensturz

Manch einer von Ihnen führt vielleicht schon seit Jahren ein Haushaltsbuch und hat einen guten Überblick über alle seine Geldbewegungen. Meist sind aber eher große Investitionen (Autokauf, Anschaffung einer Immobilie) der Grund, die finanzielle Situation genauer zu analysieren.

- Anhand der Analyse auf Seite 24 und 25 erkennen Sie, was Ihre Lebensführung kostet – und Sie merken, wohin Ihr Geld Monat für Monat eigentlich fließt.
- Sie sehen, ob Sie Geld für Ihre Vorsorge übrig haben.
- Sie erkennen, ob Sie etwas einsparen können.

Denken Sie bei der Aufstellung auch an kleinere Beträge wie Abonnements für Zeitschriften und Extras wie Reinigung.

2. Schritt: der Blick in die Zukunft

Nun aber zu der Frage, wie viel Geld Sie im Alter benötigen werden (so genannter Versorgungsbedarf). Es gibt eine Faustregel, die besagt: Der Finanzbedarf sinkt im Alter um

Einnahmen (monatlich)	Bitte geben Sie Ihre persönlichen Daten ein
Nettoeinkommen (Aus selbstständiger oder nichtselbstständiger Arbeit)	
Kindergeld	
Kapitaleinkünfte/ Vermietung	
Sonstige Einkünfte	
Summe	

Ausgaben (monatlich)	Bitte geben Sie Ihre persönlichen Daten ein
Miete (Darlehen)	
Haushalt	
Autokosten	
Versicherung	
Kleidung	
Freizeit	
Reisen	
Sonstiges	
Summe	

Summe Einnahmen	−	Summe feste Ausgaben	=	**Monatlich frei verfügbarer Betrag**
....		....		....

30 Prozent. Begründung hierfür ist, dass einige Aufwendungen dann nicht mehr anfallen. Dazu gehören in erster Linie solche Ausgaben, die Sie im Zusammenhang mit der bisherigen Erwerbstätigkeit machen wie (Berufs-)Kleidung, Fahrtkosten und Ähnliches. Auch die Aufwendungen für die Altersvorsorge fallen natürlich im Alter nicht mehr an. Das ist einerseits richtig. Aber dafür werden Sie andererseits zusätzlich Geld brauchen, um vielleicht lang geplante Urlaubsreisen zu unternehmen oder um Ihre Hobbys und Vergnügungen zu finanzieren.

Planen Sie realistisch

Auch weniger erfreuliche Ausgaben sollte man bedenken wie zusätzliche Gesundheitskosten, die in späteren Jahren unausweichlich sind. Setzen Sie also Ihren späteren Bedarf in keinem Fall zu niedrig an. Wir raten Ihnen: Kalkulieren Sie etwa mit 85 bis 90 Prozent Ihres letzten Einkommens, wenn Sie Ihren Lebensstandard im Rentenalter mit Sicherheit aufrechterhalten möchten.

Zum Zeitpunkt meiner Rente möchte ich ein geplantes Einkommen von ______ Prozent meines heutigen Nettoeinkommens haben.

Konkret ________________

Wichtig: Die Höhe eines angesparten Vermögens ist von der Länge der Sparphase, vom Anlagezins und von der jährlichen Inflationsrate abhängig. Dabei zehrt auf der einen Seite die Inflation Jahr für Jahr Teile Ihrer Ersparnisse auf, während Zins und Zinseszins die Jahre hinweg für Sie arbeiten und den Wert Ihrer Anlagen steigern. Doch welche Risiken Sie im Detail absichern, hängt von Ihrem persönlichen Sicherheitsbedürfnis ab. Im Allgemeinen werden zu den unterschiedlichen Lebenslagen die Versicherungen empfohlen, die Sie rechts in der Tabelle sehen.

3. Schritt: Die drei Säulen

Sie haben bisher überlegt, welche Ausgaben im Rentenalter auf Sie zukommen. Diesen gilt es nun, Ihre Einnahmen gegenüberzustellen, die sich rein theoretisch aus den drei Säulen der Altersvorsorge zusammensetzen können:

- Gesetzliche Altersvorsorge (»Rente«)
- Betriebliche Altersvorsorge
- Private Altersvorsorge

Ihre Existenzabsicherung

Prüfen Sie unbedingt, ob Sie eine gute Privathaftpflichtversicherung besitzen. Achten Sie insbesondere auf die Höhe der Deckungssumme. Besonders für den Hauptverdiener einer Familie gilt es, das Risiko der Berufsunfähigkeit abzusichern. Oftmals wird eine Berufsunfähigkeitsversicherung im Zusammenhang mit einer Risikolebensversicherung abgeschlossen. Zu den weiteren Versicherungen, über die es nachzudenken gilt und die zum Teil auch gesetzlich vorgeschrieben sind, gehören die Hausrat-, die Gebäude-, die Autohaftpflicht- und die Kinderunfallversicherung.

Es gibt Risiken, die kann man nicht selbst absichern, wie beispielsweise bei einem Verkehrsunfall (Autohaftpflichtversicherung).

Singles und Paare	Familie mit Kind	Familie mit Kind und Haus
❖ Autohaftpflicht ❖ Berufsunfähigkeit ❖ Krankenversicherung ❖ Privathaftpflicht	❖ Autohaftpflicht ❖ Berufsunfähigkeit ❖ Krankenversicherung ❖ Privathaftpflicht ❖ Risikolebensversicherung ❖ Kinderunfallversicherung	❖ Autohaftpflicht ❖ Berufsunfähigkeit ❖ Krankenversicherung ❖ Privathaftpflicht ❖ Risikolebensversicherung ❖ Kinderunfallversicherung ❖ Gebäudeversicherung

Die gesetzliche Altersvorsorge Wenn Sie wissen wollen, wie hoch Ihre gesetzliche Rente in Euro und Eurocent ausfallen wird, können Sie drei verschiedene Wege gehen.

1 Sie können auf den neuen Auskunftsservice der Rentenversicherungsträger zurückgreifen: Ab 2002 kann jeder, der das 27. Lebensjahr vollendet hat, auf Anfrage Auskunft bekommen! Ab 2004 werden Sie dann jährlich automatisch über Ihre Rentenansprüche informiert. Nach Vollendung des 54. Lebensjahres wird die Renteninformation alle drei Jahre durch eine Rentenauskunft ersetzt.

Ab 2004 muss die BfA an jedem einzelnen Arbeitstag 80 000 Renteninformationen versenden!

Wichtig ist, dass Sie anhand der Renteninformation überprüfen, welche Versicherungszeiten erfasst sind.

2 Ab Seite 42 können Sie sich einen Überblick verschaffen, wie hoch Ihre gesetzliche Rente etwa ausfallen wird.

3 Sie können einen »Rentenrechner« auf CD bestellen: Bundesministerium für Arbeit und Sozialordnung, Referat Information, Publikation, Redaktion, Postfach 500, 53105 Bonn. E-Mail: info@bma.bund.de; www.bma.bund.de.

Die betriebliche Altersvorsorge Der Anteil der Zahlungen und Leistungen, die Firmen für ihre Angehörigen nach der Erwerbstätigkeit übernehmen (Betriebsrenten), am Gesamtpaket der Altersversorgung ist erschreckend gering und – ausbaufähig! Überprüfen Sie, ob Sie Ansprüche aus einer betrieblichen Altersversorgung besitzen und mit welchen Zahlungen Sie gegebenenfalls für Ihre Rente rechnen können. Sollte eine solche Leistung bisher nicht in Ihrem Vertrag enthalten sein, nehmen Sie das Thema am besten mit in Ihr nächstes Gehaltsgespräch. Sie haben heute vom Gesetzgeber alle Unterstützung, die Sie brauchen, wenn Sie in dieser Richtung aktiv werden möchten. Mit Wirkung

---

Checkliste Auszug anfordern

- Sie können jederzeit einen Auszug aus Ihrem Versicherungskonto anfordern. Online über Internet unter: http://www.bfa.de oder http://www.lva.de
- Sie benötigen zur schnellen Information nur Ihre Versicherungsnummer

So prüfen Sie den Auszug

- Sind Ihre Versicherungszeiten vollständig erfasst?
- Können Sie Ihre Versicherungszeiten lückenlos nachweisen?
- Bewahren Sie die wichtigsten Unterlagen (Versicherungsnachweise!) unbedingt auf, auch wenn die Zeiten bereits auf Ihrem Versicherungskonto enthalten sind.

---

vom 01.01.2002 können Sie von Ihrem Arbeitgeber verlangen, dass von Ihren künftigen Entgeltansprüchen bis zu vier Prozent der jeweiligen Beitragsbemessungsgrenze durch eine Umwandlung des Entgelts für Ihre betriebliche Altersvorsorge verwendet wird. Und wer bereits Urlaubs- und Weihnachtsgeld oder Sonderleistungen erhält, hat eine gute Basis. Betriebe, die solche Leistungen eingeführt haben, werden wahrscheinlich in Zukunft die betriebliche Altersvorsorge noch stärker ausbauen.

Größere Betriebe, die schon ein Gratifikationssystem haben, sind auch für Vorsorgemaßnahmen oft offen.

Die private Altersvorsorge Machen Sie eine Bestandsaufnahme aller jetzt bereits bestehender Vermögensteile. Dazu kann die eigene Immobilie genauso zählen wie das Aktiendepot oder Sparbücher. Informationen über alle Möglichkeiten der privaten Altersvorsorge sowie der staatlichen Förderungsmöglichkeiten finden Sie ab Seite 98. Da die private Initiative immer größere Bedeutung gewinnt, ist das ein Hauptthema dieses Buches. Ein sensibler Punkt ist das zukünftige Erbe. Bedenken Sie aber, dass Sie auch diese Vermögensteile eines Tages verantwortlich verwalten müssen. Schon Goethe sagte: »Was du ererbst von deinen Vätern, erwirb' es, um es zu besitzen«.

Überblick über bereits bestehende Anlagen

Anlageform	Aktueller Wert	(Voraussichtlicher) Wert bei Verkauf	Laufzeit/ Fälligkeit
Sparprodukte 1 2 3			
Börsennotierte Anlagen 1 2 3			
Investmentfonds 1 2 3			
Versicherungen 1 2 3			
Immobilien 1 Eigengenutzt 2 Vermietet 3			

Wer sich in jungen Jahren mit Finanzplanung und Anlage seines Vermögens beschäftigt, kann später davon zehren.

4. Schritt: Decken Sie Ihre Versorgungslücke auf!

Sie haben nun einen relativ genauen Überblick über Ihre voraussichtlichen Ausgaben und Ihre zu erwartenden Einnahmen. Wenn Sie beides gegenüberstellen, können Sie Ihre Versorgungslücke aufdecken. Wer nun dabei feststellt, dass seine zukünftigen Einnahmen die Ausgaben übersteigen, hat bereits gut für die Zukunft vorgesorgt. Sie haben Ihren Versorgungsüberschuss identifiziert und können sich schon jetzt auf Ihre Zukunft freuen!

Ansonsten heißt es: weitermachen! Bevor Sie den nächsten Schritt gehen und mögliche Alternativen der betrieblichen und der privaten Altersvorsorge prüfen, können Sie auch nochmals einen Blick auf Ihre geplanten Ausgaben werfen. Überprüfen Sie Posten für Posten in Ruhe, und fragen Sie sich bei jeder der notierten Ausgaben, wo Sie etwas einsparen können. Die Suche kann sich sehr lohnen.

- Wird die Miete geringer in einer kleineren Wohnung?
- Brauchen wir den Zweitwagen wirklich?
- Ist der Urlaub in der Nebensaison vielleicht günstiger?

Solche Überlegungen mögen in jungen Jahren für Sie wenig Sinn machen, aber je näher das Rentenalter heranrückt, desto besser kann man Einsparpotenziale erkennen.

Voraussichtliche monatliche Einnahmen • Gesetzlich • Betrieblich • Privat (Immobilie)	–	Voraussichtliche monatliche Ausgaben • Allgemeine Lebenshaltung • Wohnung/ Miete • Auto/ Verkehrsmittel • Versicherungen • Urlaub • Hobbys	=	Einnahmen – Ausgaben = **Versorgungslücke**

5. Schritt: Lassen Sie sich beraten!

Wenn Sie eine Lücke Ihrer Versorgung entdeckt haben, besteht kein Grund zur Sorge. Bitte versuchen Sie jetzt nicht, durch voreilige Vertragsabschlüsse schnell zu mehr Geld zu kommen. Denn Vorsicht! Versicherungsmakler verdienen nur am Vertragsabschluss. Bei solchen Gesprächen müssen Sie bedenken, dass Ihr Ziel unter Umständen nicht mit dem Ziel Ihres Beraters übereinstimmt. Sie können hier jedoch trotzdem gute Informationen bekommen, die Sie aber bitte kritisch reflektieren.

Im Jahr 2001 gab es »schwarze Schafe«, die Riester-Produkte verkauft haben, noch bevor es sie gab.

6. Schritt: Wählen Sie Ihr Vorsorgepaket!

Erst wenn Sie genau wissen, welche Alternativen der Altersvorsorge der Markt für Sie bereit hält und welche Möglichkeiten zu Ihren persönlichen Anforderungen passen, sollten Sie sich für Ihr Vorsorgepaket entscheiden.

- Informieren Sie sich über alle Fördermöglichkeiten.
- Wenden Sie sich an Banken und Versicherungen.
- Prüfen Sie: Passen die Vorschläge zu Ihnen und Ihren Anforderungen an die Flexibilität einer Geldanlage, zu Ihren verfügbaren monatlichen Geldbeträgen, Ihrer Lebensphase, Ihrer Risikobereitschaft und Ihren Erwartungen?

Antworten auf einenBlick

Informationen erhalten Sie bei den örtlichen Verbraucherzentralen
Verbraucherzentrale Bundesverband e.V. (vzbv)
Markgrafenstraße 66 (Pillbox, Ecke Kochstraße), 10969 Berlin
Tel.: 030/25800-0, Fax: 030/25800-518, E-Mail: info@vzbv.de
oder unter http://www.verbraucherzentrale.de

Noch mehr Infos gibt es unter
Dezernat für Presse- und Öffentlichkeitsarbeit
Ruhrstr. 2, 10704 Berlin
Bfa-Service-Telefon: 0800/3 33 19 19
E-Mail: bfa@bfa-Berlin.de oder http://www.bfa.de

Bürgertelefon
Montag bis Donnerstag von 8.00 bis 20.00 Uhr

0800-15 15 15-0	Fragen zur Rente
0800-15 15 15-2	Fragen zu Jobs für Schwerbehinderte
0800-15 15 15-3	Scheinselbstständigkeit
	Fragen zur Teilzeit / 325-Euro-Jobs
0800-15 15 15-4	Fragen zur Arbeitslosenhilfe / Wiedereinstellung
0800-15 15 15-5	Fragen zum Haushaltscheck
0800-15 15 15-6	Fragen zur Vermögensbildung
0163-76 73 425	Anfragen zu allen Themen per SMS als 0163-smsdial
0800-10 00 01	Fragen zu »100 000 Jobs für Junge«

Alle Rufnummern mit der Vorwahl 0800 sind geführenfrei.

Rente für Sie

Für die meisten von uns wird sicher eines Tages wie bisher auch die gesetzliche Rentenzahlung der Hauptbestandteil der Altersvorsorge sein. Damit ist die Hauptfrage in diesem Zusammenhang natürlich für jeden: »Wie hoch wird meine monatliche Rente aus der gesetzlichen Rentenversicherung einmal sein?«

Damit für den Einzelnen durchschaubar wird, wie die gesetzliche Rentenzukunft aussieht, werden auf den folgenden Seiten die wichtigsten Elemente der gesetzlichen Altersvorsorge dargestellt. Dabei wird unter anderem geklärt:

- Wer Mitglied der gesetzlichen Rentenversicherung sein darf oder sein muss
- Welche Beiträge der Einzelne während seines Erwerbslebens zahlen muss
- Wer zu den Empfängern der gesetzlichen Rente gehört – wer also rentenberechtigt ist
- Die Höhe der individuellen Rente und die einzelnen Einflussfaktoren.

Abschließend werden aus aktuellem Anlass in einem eigenen Kapitel die Veränderungen der Rentenreform 2001 gesondert hervorgehoben (→ Seite 62).

Basiswissen Rente

Jeder Erwerbstätige, der ein Gehalt oder einen Lohn erhält, wird automatisch Mitglied der gesetzlichen Rentenversicherung. Das gilt für Angestellte, Arbeitnehmer oder Auszubildende. Diese Versicherungspflicht kann nicht aufgehoben werden. Im Gegensatz dazu können Höherverdienende aber die gesetzliche Krankenkasse kündigen und sich privat versichern.

Weitere Möglichkeiten

Pflichtversichert auf Antrag können unter anderem folgende Personen sein:

- Dauerhaft Selbstständige (Antrag innerhalb von fünf Jahren nach Beginn der Selbstständigkeit stellen)
- Entwicklungshelfer
- Deutsche, die begrenzte Zeit im Ausland tätig sind

Es besteht die Möglichkeit, sich vom 16. Lebensjahr an freiwillig in der gesetzlichen Rentenversicherung zu versichern, soweit keine anderweitige Versicherungspflicht besteht. Der freiwillig Versicherte kann entscheiden, ob er Beiträge zahlen will und in welcher Höhe.

Mitglieder des Vorstandes einer Aktiengesellschaft sind nicht pflichtversichert.

Ausnahmen

Selbstständige wie Kaufleute sind von der gesetzlichen Versicherungspflicht befreit. Außer ihnen gibt es weitere Personengruppen, die ebenfalls befreit sind – oder die sich auf Antrag befreien lassen können. Zu ihnen gehören:

- Beamten und Richter auf Lebenszeit
- Altersrentner und Pensionäre
- Schüler und Studenten, die während ihrer Ausbildung »geringfügig« arbeiten
- Personen, die »geringfügig« arbeiten

In der Vergangenheit sind im Rahmen der Kammerzuständigkeit vielfach Versorgungswerke eingerichtet worden, die für ihre Mitglieder eine Absicherung von Alter, Invalidität und Tod vorsehen.

Darüber hinaus sind auch Mitglieder »berufsständischer Versorgungseinrichtungen« von der Versicherungspflicht befreit: Ärzte, Architekten, Apotheker, Notare, Ingenieure und Steuerberater können sich auf Antrag von der Versicherungspflicht befreien lassen. Der Antrag auf Befreiung muss spätestens drei Monate nach dem Zeitpunkt gestellt werden, zu dem die Befreiungsvoraussetzungen erstmals erfüllt sind. Doch auch die Angehörigen dieser Berufsstände sind verpflichtet, eine Altersvorsorge zu leisten. Diese wird über die berufsständischen Kammern mit angeschlossenen Versorgungswerken geregelt.

Damit kein Bürger im Alter vor dem Nichts steht, wurde ein System entwickelt, das die Altersvorsorge sicher macht.

Versichert kraft des Gesetzes (!)

Das «Sozialgesetzbuch (SGB) gesetzliche Rentenversicherung« legt fest, wer versicherungspflichtig ist. Dazu gehören unter anderem:

- Personen, die gegen Arbeitsentgelt oder zu ihrer Berufsausbildung beschäftigt sind (Arbeiter und Angestellte)
- Auszubildende
- Behinderte Menschen, die in anerkannten Werkstätten für behinderte Menschen, Blindenwerkstätten oder ähnlichen Einrichtungen tätig sind
- Behinderte Menschen, die in speziellen Einrichtungen eine Ausbildung bekommen, die sie zu einer Erwerbstätigkeit befähigt
- Selbstständige Lehrer und Künstler
- Selbstständig in der Krankenpflege Tätige
- Versicherte auf Antrag (Entwicklungshelfer, begrenzt im Ausland Beschäftigte)
- Weitere Personenkreise, z.B. Kindererziehende, Bezieher bestimmter Lohnersatzleistungen

Selbstständig Tätige unterliegen im Allgemeinen nicht der Versicherungspflicht. Einige Selbstständige, die bestimmten Berufsgruppen angehören, unterliegen aber ebenfalls einer Versicherungspflicht. Dazu gehören unter anderem:

- Selbstständig tätige Lehrer und Erzieher
- Selbstständiges Pflegepersonal
- Hebammen und Entbindungspfleger
- Künstler und Publizisten
- Handwerker
- Scheinselbstständige

Drei wichtige Rentenarten

Haben Sie sich in einer der beschriebenen Gruppen der Pflichtversicherten wiedergefunden? Dann werden Sie eine der drei folgenden Rentenarten beziehen, zwischen denen unser gesetzliches Rentensystem unterscheidet:

- Die Altersrente
- Die Rente wegen verminderter Erwerbsfähigkeit
- Die Hinterbliebenenrente

Es gilt: Grundsätzlich hat ein Versicherter nach Vollendung seines 65. Lebensjahres Anspruch auf die Altersrente (so genannte Regelaltersrente). Wenn allerdings bestimmte Voraussetzungen erfüllt sind, kann er auch früher in Rente gehen.

Eine Übersicht über alle Rentenarten und die Voraussetzungen, die zur Auszahlung der Rente erfüllt sein müssen, können Sie auf den Umschlagklappen einsehen.

Teilrente

Versicherte können ihre Altersrente auch als Teilrente in Anspruch nehmen. Die Rente beträgt dann, je nach Hinzuverdienst, ein Drittel, die Hälfte oder zwei Drittel der erreichten Vollrente. Die Hinzuverdienstgrenzen werden individuell ermittelt. Auch Renten wegen geminderter Erwerbsfähigkeit können bei einem Hinzuverdienst von mehr als € 325 als Teilrente geleistet werden, wenn weiterhin eine Erwerbsminderung vorliegt (→ auch Rentenlexikon der BfA unter http://www.bfa.de).

Der Beitrag zur Rentenversicherung

Die Höhe des Beitrags zur gesetzlichen Rentenversicherung ergibt sich aus einem bestimmten Prozentsatz des Bruttoverdienstes. Er lag im Jahr 2001 bei 19,1 Prozent des jeweiligen monatlichen Bruttoverdienstes. Der Arbeitnehmer führt diesen Prozentsatz nur ab, bis sein Bruttoverdienst die so genannte Beitragsbemessungsgrenze erreicht hat. Dann steigen die Beiträge zur gesetzlichen Rentenversicherung nicht mehr.

Im Jahr 2002 liegt die Beitragsbemessungsgrenze bei € 54 000 (alte Bundesländer) bzw. € 45 000 (neue Bundesländer).

Beispiel 1

Frau Grüner ist Vertriebsleiterin. Im Jahr 2002 verdient sie ein Bruttogehalt von € 70 000. Da ihr Bruttogehalt höher als die Beitragsbemessungsgrenze ist, errechnet sich ihr Beitrag zur Rentenversicherung nur aus einem Betrag von € 54 000. Bei einem Beitragssatz von 19,1 Prozent werden

€ 10 314 abgeführt. Die sehr gut verdienende Frau Grüner muss davon allerdings nur die Hälfte selbst bezahlen. Die andere Hälfte übernimmt ihr Arbeitgeber für sie.

Beispiel 2

Im Jahr 2002 verdient Herr Mahlert € 44 000. Sein Gesamtbeitrag (Arbeitnehmer- und Arbeitgeberanteil) beträgt € 8 404. Er muss also 19,1 Prozent auf sein Gesamtbruttogehalt als Beitrag zur Rentenversicherung abführen, da sein Verdienst unterhalb der Beitragsbemessungsgrenze liegt. Auch Herr Mahlert muss davon nur die Hälfte zahlen.

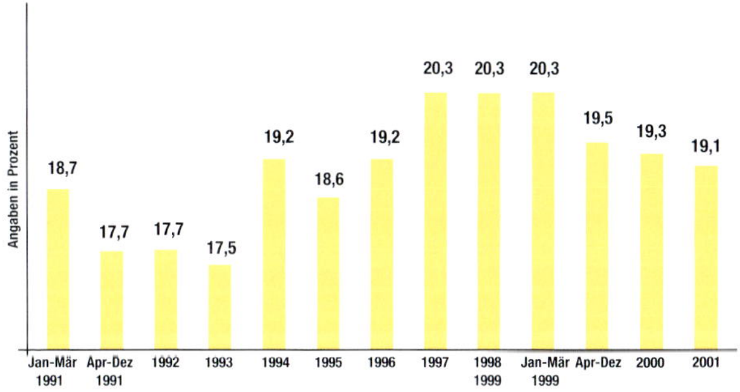

Zwischen 1991 und 2001 schwankte der Beitragssatz der bei der BfA Versicherten zwischen 17,5 und 20,3 Prozent vom Bruttoverdienst (Quelle: BfA).

Die Entgeltpunkte

Die Höhe der monatlich ausgezahlten Rente wird bestimmt durch mehrere Faktoren, von denen die Entgeltpunkte eine Schlüsselrolle spielen. Sie sind rechnerische Größen, die helfen, die endgültige Rente möglichst fair und vergleichbar zu verteilen.

Punkte fürs Gehalt

Die Entgeltpunkte sind sozusagen das Rückgrat des Berechnungssystems der Rente. In Entgeltpunkte werden alle Faktoren umgerechnet, die Ihre Rente bestimmen. Was bedeutet das im Einzelnen? Sie wissen bereits, dass die Höhe der Rente abhängig ist von der Höhe des Verdienstes während des Berufslebens. Im Prinzip gilt nun: Wenn ein Arbeitnehmer in einem bestimmten Jahr ein volles Durchschnittsgehalt (statistischer Wert) bezogen hat, dann wird ihm für dieses Jahr auch ein voller »Entgeltpunkt« gutgeschrieben.

Für die Rente wird Ihre Entlohnung maximal bis zur jeweils aktuellen Beitragsbemessungsgrenze berücksichtigt.

- Wer gemessen an diesem Einkommen zehn Prozent weniger verdient, bekommt 0,9 Punkte gutgeschrieben.

- Wer dagegen 20 Prozent mehr verdient, kann 1,2 Entgeldpunkte auf seinem Konto verbuchen.
- Doch die Skala ist nach oben nicht offen: Eine Steigerung ist nur maximal bis zur Beitragsbemessungsgrenze (→ Seite 42) möglich. Alle, die darüber hinaus noch mehr verdienen, erhalten die gleiche Rente.

Durchschnittsgehälter seit 1989

Jahr	Durchschnittsentgelt (Brutto) West	
01.01.2002	€ 28 518,00	
01.01.2001	DM 54 684,00	(€ 27 959,49)
01.01.2000	DM 54 256,00	(€ 27 740,55)
01.01.1999	DM 53 507,00	(€ 27 357,70)
01.01.1998	DM 52 925,00	
01.01.1997	DM 52 143,00	
01.01.1996	DM 51 678,00	
01.01.1995	DM 50 665,00	
01.01.1994	DM 49 142,00	
01.01.1993	DM 48 178,00	
01.01.1992	DM 46 820,00	
01.01.1991	DM 44 421,00	
01.01.1990	DM 41 946,00	
01.01.1989	DM 40 063,00	

Altersrente für Frauen

Die spezielle Altersrente für Frauen oder wegen Arbeitslosigkeit oder nach Altersteilzeit entfällt für Versicherte ab Geburtsjahrgang 1952.
Die Altersrente erhalten vor 1952 geborene, versicherte Frauen auf Antrag, die:

- Das 60. Lebensjahr vollendet haben
- Nach Vollendung des 40. Lebensjahres mehr als zehn Jahre mit Pflichtbeitragszeiten im Inland zurückgelegt haben und
- Die Wartezeit von 15 Jahren erfüllen

Darüber hinaus darf die Hinzuverdienstquelle nicht überschritten werden. Die Altersgrenze wurde für Versicherte der Geburtsjahrgänge ab 1940 stufenweise auf das 65. Lebensjahr angehoben. Bei Inanspruchnahme vor Vollendung des 65. Lebensjahres ist deshalb mit Rentenabschlägen zu rechnen.
Auf die Wartezeit von 15 Jahren sind anzurechnen:

- Beitragszeiten (Pflicht- und freiwillige Beiträge)
- Kindererziehungszeiten
- Zeiten aus dem Versorgungsausgleich
- Zeiten geringfügiger Beschäftigung mit Beitragszahlung des Arbeitgebers
- Ersatzzeiten (z. B. Kriegsdienst, Kriegsgefangenschaft)

Quelle: Rentenlexikon der BfA unter http://www.bfa.de

Punkte und Zeiten

Doch Jahre, in denen Sie arbeiten, bringen nicht nur Punkte auf dem Gehaltskonto. Sie bringen auch Punkte für die Bewertung der Beitragsjahre. Denn Zeiten, in denen ein Gehalt bezogen wurde, bringen natürlich andere Entgeltpunkte als die Zeiten, in denen keine versicherungspflichtige Beschäftigung bestand. Doch auch diese Zeiten können mit Entgeltpunkten bewertet werden, wie beispielsweise Zeiten der Kindererziehung oder Arbeitslosigkeit.

Die Höhe Ihrer Rente wird wesentlich bestimmt durch die Anzahl Ihrer persönlichen Entgeltpunkte.

Die Summe Ihrer persönlichen Entgeltpunkte ergibt sich, indem alle Entgeltpunkte addiert werden. Grundsätzlich werden Entgeltpunkte vergeben für die folgenden rentenrelevanten Zeiten:

- Beitragszeiten
- Beitragsfreie Zeiten (z. B. schulische Ausbildung)
- Zuschläge für beitragsgeminderte Zeiten
- Zuschläge oder Abschläge aus einem Versorgungsausgleich bei Ehescheidungen oder Rentensplitting bei Ehegatten
- Zuschläge aus Zahlung von Beiträgen bei vorzeitiger Inanspruchnahme der Altersrente oder bei Abfindung von Anwartschaften auf eine betriebliche Altersversorgung

Es macht Freude, sich um einen älteren Menschen zu kümmern und von seiner Lebenserfahrung zu lernen.

- Zuschläge an Entgeltpunkten für Arbeitsentgelt aus geringfügiger versicherungsfreier Beschäftigung
- Entgelt aus nicht gemäß einer Vereinbarung über flexible Arbeitszeitregelungen verwendeten Wertguthabens

Diese Regelung ist wichtig für Frauen. Ihre Rentensituation ist durch ihr Engagement für die Familie (Kinder, pflegebedürftige Angehörige) ungünstiger als die vieler Männer.

Der Rentenartfaktor

Als Nächstes entscheidet noch der Rentenartfaktor darüber, wie hoch Ihre Rente einmal ausfallen wird. Da die

Altersrente die wichtigste Rente ist, hat man ihr den rechnerischen Wert 1 gegeben. Damit ist die Altersrente sozusagen das Maß aller Dinge, zu dem alle anderen Renten ins Verhältnis gesetzt werden. Der Rentenartfaktor für die kleine Witwen- bzw. Witwerrente liegt – gemessen an der Altersrente – z. B. bei nur 0,25. Die unten stehende Liste bietet einen Überblick über die einzelnen Rentenarten und den jeweils zugeordneten Rentenartfaktor.

Rentenart	**Rentenartfaktor**
Altersrente	1,0
Rente (teilweise Erwerbsminderung)	0,5
Rente (volle Erwerbsminderung)	1,0
Erziehungsrenten	1,0
Kleine Witwer-/Witwenrente	
Erste drei Monate	1,0
Anschließend	0,25
Große Witwer-/Witwenrente	
Erste drei Monate	1,0
Anschließend	0,55
Halbwaisenrente	0,1
Vollwaisenrente	0,2

Quelle: Bundesanstalt für Arbeit 2001

Der Rentenwert

Die Anzahl all Ihrer persönlichen Entgeltpunkte wird zur Rentenzeit mit dem aktuellen Rentenwert multipliziert. Der Rentenwert ist ein Wert, der jedes Jahr im Juli vom Bundesministerium für Arbeit und Sozialordnung angepasst wird und sich an der Entwicklung der Löhne orientiert (modifizierte Bruttoanpassung). Man spricht deshalb auch von dynamischen, also von veränderlichen Renten.

Die mit der Rentenreform eingeführte neue Anpassungsformel soll die Gewähr bieten, dass das Rentenniveau auch langfristig den Wert von 67 Prozent nicht unterschreitet.

Eine neue Grundlage

Die Anpassung der Durchschnittsentgelte der Beschäftigten beruht auf einer neuen Basis. Während die Renten früher an den Nettolohn angepasst wurden, orientieren sich die Renten seit 2001 an der Entwicklung des Bruttoeinkommens – unter Berücksichtigung der Veränderung des Beitragssatzes zur gesetzlichen Rentenversicherung. Ab 2003 werden zudem die steigenden Aufwendungen für die geförderte zusätzliche Altersvorsorge auf die Höhe der Rentenanpassung Einfluss haben. Man spricht deshalb in diesem Zusammenhang von einer modifizierten Bruttoanpassung. Auf der Grundlage der nunmehr geltenden Anpassungsformel kommt es zu geringeren Rentenhöhen. Dies trägt dazu bei, die Ausgaben der gesetzlichen Rentenversicherung langfristig zu begrenzen und so den erwarteten Beitragssatzanstieg zu dämpfen.

Die Rentenformel

Zur Berechnung Ihrer Rentenhöhe müssen Sie die Summe aller Entgeltpunkte zuerst mit dem Rentenartfaktor und dann mit dem aktuellen Rentenwert vervielfältigen.
Der Rentenwert vom 01.07.2001 bis 31.06.2002 wurde festgesetzt auf € 25,31406 (DM 49,51) in Westdeutschland. Für Ostdeutschland ist der Rentenwert dagegen im selben Zeitraum geringer. Er liegt nur bei € 22,06224 (DM 43,15).

Persönliche Entgeltpunkte	X
Rentenartfaktor	X
Aktueller Rentenwert	=
Monatsrente	

45 Entgeltpunkte x € 25,31406 (Rentenwert) x 1 (Rentenartfaktor) = € 1 139,15.

Der aktuelle Rentenwert entspricht somit der monatlichen Rentenzahlung, die man aktuell für einen Entgeltpunkt erhält. Mit 45 Beitragsjahren und einem Durchschnittsverdienst enthält man dementsprechend 45 Entgeltpunkte.

Wann können Sie »in Rente gehen«?

Niemand kann »einfach so« in Rente gehen. Um in den Genuss der gesetzlichen Rente zu kommen, müssen mehrere Voraussetzungen erfüllt sein. Wichtigste Voraussetzung ist die Erfüllung der »Wartezeiten«. Der Begriff ist etwas missverständlich. Gemeint ist damit nicht eine Frist, in der man auf die Zuteilung der Rente warten müsste. Als Wartezeit auf die Rente gelten die Monate und Jahre, die als Mindestzeit im Lauf des Lebens für die Rente angerechnet werden können.

Die geringste Wartezeit beträgt auch nach der Reform fünf Jahre. Diese fünfjährige Wartezeit ist beispielsweise Voraussetzung für die folgenden Rentenarten:

- Die Regelaltersrente

- Die Erwerbsminderungsrente
- Die Hinterbliebenenrente

Das System der Wartezeiten

Die allgemeine Wartezeit von fünf Jahren gliedert sich in Beitragszeiten und Ersatzzeiten. Doch es gibt weitere Rentenarten und ihre Wartezeiten.

- Die allgemeine Wartezeit von 35 Jahren ist unter anderem Voraussetzung für die Altersrente langjährig Versicherter, die ab dem 62. Lebensjahr in Anspruch genommen werden kann oder auch für die Altersrente Schwerbehinderter ab dem 60. Lebensjahr.
- Die allgemeine Wartezeit von 35 Jahren gliedert sich ebenfalls in Beitragszeiten und Ersatzzeiten. Doch werden hier weitere Zeiten angerechnet wie bestimmte beitragsfreie Zeiten und die Berücksichtigungszeiten.

Wichtig: Weitere Informationen zu den Rentenarten finden Sie auf den Umschlagklappen.

- Allgemeine Wartezeiten
  - Beitragszeiten
    - Ersatzzeiten
      - Beitragsfreie Zeiten
        - Berücksichtigungszeiten

Beitragszeiten

Beitragszeiten sind – wie der Name schon sagt – die Zeiten, in denen Sie gearbeitet und Beiträge in die Rentenversicherung eingezahlt haben. Gerechnet wird mit den Kalendermonaten, in denen Beiträgen entrichtet wurden.
Darüber hinaus gelten als Beitragsjahre:

- Kindererziehungszeiten (bei Kindern, die vor dem 01.01.1992 geboren sind, wird ein Durchschnittsjahr angerechnet bei jüngeren Kindern werden drei Jahre berücksichtigt)
- Pflegezeiten (ab April 1995)

Ersatzzeiten

Als Ersatzzeiten sind die Zeiten definiert, in denen der Versicherte keine Beitragsleistungen zahlen konnte und zwar aus Gründen, die nicht in der Person des Versicherten liegen und die ohne sein Verschulden entstanden. Dazu gehören beispielsweise Zeiten der Kriegsgefangenschaft, NS-Verfolgung, Flucht und politische Haft in der DDR.

Ersatzzeiten werden ab dem 14. Lebensjahr berücksichtigt und müssen vor dem 01.01.1992 liegen, um angerechnet werden zu können.

Ersatzzeiten werden sowohl bei der Wartezeit als auch bei der Rentenberechnung berücksichtigt.

Eine Neuerung der Rentenreform 2001 ist die verbesserte Situation der Frauen und Männer, die Kinder erziehen.

Beitragsfreie Zeiten

Bei den beitragsfreien Zeiten handelt es sich um Zeiten, in denen keine Beiträge zur gesetzlichen Rentenversicherung gezahlt werden, die aber trotzdem am Ende der Erwerbstätigkeit für die Rente zählen, also mindestens zu den Wartezeiten gehören.

Der Gesetzgeber unterteilt die beitragsfreien Zeiten in:

- Anrechnungszeiten
- Zurechnungszeiten

Anrechnungszeiten Dies sind Zeiten, in denen der Versicherte aus verschiedenen vom Gesetzgeber anerkannten Gründen keine Beiträge zahlen kann. Zu den anerkannten Gründen für eine »Auszeit« gehören Krankheit, Arbeitslosigkeit, eine Schulausbildung nach dem 17. Lebensjahr oder auch eine Schwangerschaft.

Anrechnungszeiten zählen auch ohne Beitragszahlungen für die Wartezeiten (35 Jahre, → Seite 53) und können sich unter Umständen positiv auf die Rentenberechnung auswirken.

Zurechnungszeiten Bei verminderter Erwerbsfähigkeit sowie für die Hinterbliebenen im Todesfall rechnet der Gesetzgeber mit Zurechnungszeiten, damit in diesen Fällen die Rente wegen der geringen Beitragsleistungen nicht zu niedrig ausfällt. Es wird so getan, als ob der Versicherte bis zu seinem 60. Lebensjahr erwerbstätig gewesen wäre, und alles wird auf die Rentenhöhe angerechnet. Zurechnungszeiten können sich also rentensteigernd auswirken.

Kinderberücksichtigungszeiten

Zur Berücksichtigungszeit wegen Kindererziehung zählt die Zeit von der Geburt bis zum zehnten Geburtstag des Kindes, sofern das Kind nach 1991 geboren wurde. Werden mehrere Kinder unter zehn Jahren erzogen, so endet die Berücksichtigungszeit zehn Jahre nach der Geburt des jüngsten Kindes. Bei Kindern, die ab dem 01.01.1992 geboren wurden, zählen die ersten drei Jahre gleichzeitig als Kindererziehungszeiten.

Diese Zeiten werden üblicherweise der leiblichen Mutter zugerechnet. Soll der Vater die Zeiten auf seinem Konto gutgeschrieben bekommen, müssen die Eltern die Übertragung der Zeit gemeinsam beantragen. Die Berücksichtigungszeiten erhöhen den Rentenanspruch und werden außerdem auch noch auf die Wartezeiten angerechnet.

Rentenrechtliche Zeiten

Beitragszeiten Zeiten, für die Pflichtbeiträge oder freiwillige Beiträge geleistet worden sind	**Zeiten mit vollwertigen Beiträgen** Kalendermonate, die mit Beiträgen belegt sind und nicht beitragsgeminderte Zeiten sind
	Beitragsgeminderte Zeiten ❖ Kalendermonate, die sowohl mit Beitragszeiten als auch Anrechnungszeiten, einer Zurechnungszeit oder Ersatzzeiten belegt sind. ❖ Kalendermonate, mit Pflichtbeiträgen für eine Berufsausbildung
Berücksichtigungszeiten	Die Zeit der Erziehung eines Kindes bis zu dessen vollendetem zehnten Lebensjahr ist bei einem Elternteil eine Berücksichtigungszeit, soweit die Voraussetzungen für die Anrechnung einer Kindererziehungszeit auch in dieser Zeit vorliegen.

Beitragsfreie Zeiten	Anrechnungszeiten
Kalendermonate, die mit Anrechnungszeiten, mit einer Zurechnungszeit oder mit Ersatzzeiten belegt sind	Zeiten, in denen Versicherte: ❖ Wegen Krankheit arbeitsunfähig gewesen sind oder Leistungen zur medizinischen Rehabilitation oder zur Teilhabe am Arbeitsleben erhalten haben ❖ Wegen Schwangerschaft oder Mutterschaft während der Schutzfristen eine versicherte Beschäftigung nicht ausgeübt haben ❖ Arbeitslos waren ❖ Nach Vollendung des 17. Lebensjahres eine Schule, Fachschule oder Hochschule oder berufsvorbereitende Schule besucht haben, insgesamt jedoch höchstens drei Jahre ❖ Eine Rente bezogen haben
	Zurechnungszeiten Die Zeit, die bei einer Rente wegen Erwerbsminderung oder einer Rente wegen Todes hinzugerechnet wird, wenn der Versicherte das 60. Lebensjahr noch nicht vollendet hat.

Spätestens wenn man die Steuererklärung macht, sollte man einen Blick auf die Rentenunterlagen werfen.

Beitragsentrichtung

Die zweite wesentliche Voraussetzung für die Auszahlung Ihrer Rente ist das Zahlen der Beiträge in die Rentenversicherung. Jeder, der schon einmal seinen Lohnzettel in der Hand hatte und diesen auch studiert hat, kann darauf ersehen, wie die Rentenbeiträge abgeführt werden.

Jeder Beitragsnachweis ist wichtig! Bewahren Sie unbedingt alle gut auf!

So geht es

Die Beiträge werden jeden Monat jeweils zur Hälfte vom Versicherten und vom Arbeitgeber gezahlt. Dabei ist der Arbeitgeber verpflichtet, den Beitragsanteil des Arbeitnehmers vom Gehalt einzubehalten, und er überweist ihn zusammen mit seinem eigenen Anteil an die Einzugsstelle, also an die gesetzliche Krankenkasse. Diese leitet die Beiträge an den jeweiligen Rentenversicherungsträger weiter. Jedes Jahr erhalten Sie als Versicherter eine Bescheinigung über Ihre Versicherungsbeiträge zur gesetzlichen Rentenversicherung des letzten Jahres und die Dauer Ihrer Beschäftigung von Ihrem Arbeitgeber ausgehändigt. Auch wenn Ihr Beschäftigungsverhältnis endet, müssen Sie eine solche Bescheinigung erhalten. Mit dieser Bescheinigung können Sie Ihre Rentenansprüche jeder Zeit nachweisen.

Was ist neu an der »neuen Rente«?

Die Rentenreform des Jahres 2001 hat zwei entscheidende Ausrichtungen.

- Auf der einen Seite steht die Reform der gesetzlichen Rentenversicherung mit etlichen Neuregelungen.
- Auf der anderen Seite steht die steuerliche Förderung des Aufbaus eines eigenen Altersvorsorgevermögens.

Das folgende Kapitel soll dazu dienen, Ihnen die wichtigsten Elemente der Reform des Jahres 2001 nochmals gebündelt zu erläutern.

Die Rentenreform

Die Rentenreform ist in zwei Schritten durchgeführt worden. Im März 2001 wurde das Gesetz zur Ergänzung des Gesetzes zur Reform der gesetzlichen Rentenversicherung und zur Förderung eines kapitaldeckenden Altersvorsorgevermögens (kurz: AvmEG) verabschiedet.

Und erst im Mai 2001 folgte das Gesetz zur Reform der gesetzlichen Rentenversicherung und zur Förderung eines kapitaldeckenden Altersvorsorgevermögens (kurz: AvmG).

Nein – es ist kein Schreibfehler, die Ergänzung stand zuerst fest. Die Ergebnisse dieser beiden Schritte finden Sie im nun folgenden Abschnitt in kompakter Form.

Das AvmEG in Kürze Das Gesetz zur Ergänzung des Gesetzes zur Reform der gesetzlichen Rentenversicherung und zur Förderung eines kapitaldeckenden Altersvorsorgevermögens umfasst im Einzelnen Folgendes:

- Minderung des Rentenniveaus durch eine neue Rentenanpassungsformel
- Ausbau der eigenständigen Alterssicherung von Frauen
- Schließung rentenmindernder Lücken bei jungen Versicherten
- Die Reform des Hinterbliebenenrechts

Das AvmG in Kürze Das Gesetz zur Reform der gesetzlichen Rentenversicherung und zur Förderung eines kapitaldeckenden Altersvorsorgevermögen umfasst im Einzelnen die folgenden Punkte:

- Eine steuerliche Förderung des Aufbaus einer privaten kapitaldeckenden Altersvorsorge
- Ein verbesserter Auskunftsservice durch die Rentenversicherungsträger
- Die Sicherung des Lebensunterhalts im Alter und bei dauerhafter Erwerbsminderung über die neue bedarfsorientierte Grundsicherung

Minderung des Rentenniveaus durch die neue Rentenanpassungsformel

Im Grunde beruht die Absenkung des Rentenniveaus auf einer ganz einfachen Gleichung: Wenn immer weniger Erwerbstätige immer mehr Renten über immer längere Zeiträume finanzieren sollen, muss man die Höhe der ausgezahlten Renten (Rentenniveau) entsprechend korrigieren.

Ziel der Reform: Der Beitragssatz, den der Einzelne zahlen muss, soll bis zum Jahr 2020 auf unter 20 Prozent gehalten werden. Der Anstieg wird bis zum Jahr 2030 auf 22 Prozent begrenzt! Folge der Reform: Die neue Anpassung wird zu einer Senkung des Nettorentenniveaus führen. Im Jahr 2030 soll es aber immer noch 67 Prozent betragen!

Eltern, die Kinder erziehen

Da Frauen sich meist um die Familie kümmern und die Kinder erziehen, sind sie häufig deutlich kürzer erwerbstätig als Männer. Und wenn Frauen nach einer Familienpause wieder arbeiten, können sie das oftmals, immer noch aus Rücksicht auf die Familie, nur in Teilzeit tun – und viele werden dabei noch schlechter bezahlt als Männer. Alles Punkte, die eine Rente deutlich nach unten ziehen.

Mit den Änderungen der Rentenreform 2001 will der Gesetzgeber diese Situation verbessern.

Kindererziehungszeit

Zeiten, in denen ein Elternteil nicht arbeitet, weil sie oder er sich um die Erziehung der Kinder kümmert, gelten als Beitragszeiten.

Eine Aufteilung der Erziehungszeit unter den Eltern ist ebenfalls denkbar.

Für Kinder, die vor dem 01.01.1992 geboren wurden, wird ein Kindererziehungsjahr wie ein Jahr Durchschnittsverdienst berechnet. Es wird dementsprechend ein Entgeltpunkt berücksichtigt. Für Kinder, die ab dem 01.01.1992 geboren wurden, bekommt der erziehende Elternteil sogar für die ersten drei Lebensjahre jeweils einen Entgeltpunkt angerechnet. Diese Regelung gilt aber nur, solange derjenige, der das Kind oder die Kinder erzieht, nicht zusätzlich noch erwerbstätig ist.

Kinderberücksichtigungszeiten

Wenn Sie neben der Erziehung der Kinder noch erwerbstätig sind, erfolgt eine Addition der Beiträge bis zur Beitragsbemessungsgrenze (→ Seite 42). Die Entgeltpunkte werden so vergeben, dass sie insgesamt nicht über 1 liegen (weitere Details → Tabelle auf Seite 68).

Beispiel 1

Das Kind von Frau Müller ist fünf Jahre. Frau Müller hat nach Ihrem Erziehungsurlaub (drei Jahre) wieder angefangen zu arbeiten. Sie verdient im Jahr 2002 € 11 407,20.
In Entgeltpunkten ausgedrückt heißt das: Ihr Bruttogehalt von € 11 407,20 entspricht 0,4 Entgeltpunkten.
Für die Erziehung Ihrer Tochter wird ihr die Hälfte Ihrer Entgeltpunkte gutgeschrieben, also 0,2 Entgeltpunkte.
Ihre Rentenberechung für das Beitragsjahr 2002 lautet also:
0,4 EP + 0,2 EP = 0,6 EP

Der oder die Erziehende ist erwerbstätig und hat ein Kind Häufig wird in dieser Situation in Teilzeit gearbeitet. Dadurch wird ein geringeres Entgelt erzielt, und infolgedessen sinkt die spätere Rente. Durch die neue Bewertung wird der Mutter (oder dem Vater) nochmals die Hälfte ihres Einkommens in zusätzlichen Entgeltpunkten gutgeschrieben. Die Obergrenze liegt bei der Gleichstellung mit dem Durchschnittsverdiener.

Der oder die Erziehende ist nicht erwerbstätig und hat mehrere Kinder In dieser sehr häufig anzutreffenden Situation bekommt der Erziehende Entgeltpunkte in Höhe von einem Drittel des Durchschnittsverdieners für jeden

Monat, in dem zwei oder mehr Kinder zwischen dem dritten und dem zehnten Lebensjahr erzogen werden.

Der oder die Erziehende ist erwerbstätig und hat mehrere Kinder Werden mehrere Kinder zwischen drei und zehn Jahren erzogen und arbeitet der Erziehende in dieser Zeit (Pflichtbeiträge), so darf er nicht schlechter gestellt werden als Personen, die während der Erziehungszeiten keine Beitragszahlungen an die gesetzliche Rentenversicherung leisten. Erziehende erhalten Entgeltpunkte für Pflichtbeiträge, zusätzliche Entgeltpunkte für die Erziehung eines Kindes (1/2 des eigenen Pflichtbeitrages) und gutgeschriebene Entgeltpunkte (1/3 des Durchschnittsverdieners). Insgesamt darf der Erziehende nicht besser gestellt werden wie ein Durchschnittsverdiener, also nicht mehr als einen Entgeltpunkt insgesamt erhalten.

Beispiel 2

Hätte Frau Müller aus dem letzten Beispiel außer ihrer fünfjährigen Tochter noch einen achtjährigen Sohn, so könnte sie wie folgt rechnen:

0,4 EP (Pflichtbeitrag) + 0,2 EP (zusätzliche Entgeltpunkte) + 0,3333 EP = 0,9333 EP.

Der Wert von 1 wurde nicht überschritten!

Situation	Rentenrechtliche Bewertung
Erwerbstätig und ein Kind (3. bis 10. Lebensjahr)	Pflichtbeitrag (aus Erwerbstätigkeit) und zusätzliche Entgeltpunkte i.H.v. 1/2 des Pflichtbeitrags (maximal bis zur Höhe eines Durchschnittsverdieners)
Zwei Kinder (3. bis 10. Lebensjahr)	Gutgeschriebener Entgeltpunkt i.H.v. 1/3 des Durchschnittsverdieners
Erwerbstätig und zwei oder mehr Kinder (3. bis 10. Lebensjahr)	Pflichtbeitrag (aus Erwerbstätigkeit) und zusätzliche Entgeltpunkte i.H.v. 1/2 des Pflichtbeitrags und 1/3 des Durchschnittsverdieners (maximal bis zur Höhe eines Durchschnittsverdieners)

Die neue Grundsicherung

Wenn die Rente bisher so gering ausgefallen war, dass der Betrag zum Leben nicht ausreichte, dann musste man aufs Sozialamt gehen und Sozialhilfe beantragen. Nicht zuletzt aus Schamgefühl ist manch ein Rentner diesen Weg nicht gegangen. Um an dieser Stelle zu helfen, wurde die Grundsicherung eingeführt. Diese neue Regelung soll garantie-

ren, dass für jeden Rentner zumindest das Existenzminimum in jedem Fall gesichert ist.
Für Personen, die das 65. Lebensjahr erreicht haben und Menschen, die älter als 18 Jahre und voll erwerbsgemindert sind, kann diese soziale Hilfe greifen.
Die Zahlung wird aus Steuermitteln finanziert. Sie ist so bemessen, dass sie im Wesentlichen der Hilfe zum Lebensunterhalt nach dem Bundessozialhilfegesetz entspricht.

Sicherheit auf Antrag

Die Grundsicherung ist allerdings mit einigen Voraussetzungen verbunden:

- Sie wird nicht automatisch gewährt.
- Es gibt sie nur auf Antrag.
- Die Grundsicherung ist befristet.

Die neue Grundsicherung soll den grundlegenden Bedarf der Lebenshaltung sicherstellen. Sie kann den Weg zum Sozialamt sparen.

Über die genauen Bedingungen, wann man die Grundsicherung beantragen kann, gibt es Informationen bei den Rentenversicherungsträgern. Rentner können den »Antrag auf Leistung der bedarfsorientierten Grundsicherung« beim jeweiligen Rentenversicherungsträger abgeben. Dieser berät auch bei Fragen und leitet anschließend den Antrag weiter. Informieren Sie sich frühzeitig bei den Stellen.

Geld vom Staat

Das sinkende Rentenniveau, gerne auch bezeichnet als verminderter Anstieg der Renten, ist eine Tatsache, der in der Rentenreform aus dem Jahr 2001 Rechnung getragen wurde. Um Versorgungslücken, die dadurch beim Einzelnen entstehen könnten, aber gar nicht erst aufkommen zu lassen, hat sich der Gesetzgeber zur Einführung von zwei neuen Maßnahmen entschlossen. Er unterstützt verstärkt den Aufbau von:

Ob für Sie ein Sonderausgabenabzug in Frage kommt, wird automatisch von Ihrem Finanzamt geprüft, wenn Sie Ihre Einkommensteuererklärung abgeben.

- Privater Altersvorsorge
- Betrieblicher Altersvorsorge

Diese Absicht äußert sich konkret in finanzieller Unterstützung durch:

- Staatliche Zuschüsse für kapitalbildende Maßnahmen wie Bausparvertrag oder Pensionsfonds
- Den neu eingeführten Sonderausgabenabzug

Beide Wege der Unterstützung haben ein gemeinsames Ziel. Sie sollen die Eigeninitiative des Bürgers erleichtern, der sich zukünftig zunehmend selbst um die Absicherung seines bisher gewohnten oder besseren Standards im Alter kümmern muss.

Wer wird gefördert?

Grundsätzlich kann man sagen, dass alle Bürger, die Beiträge in die gesetzliche Rentenversicherung einzahlen, eine Förderung beziehen können. Förderungen können dementsprechend also alle beantragen, die in Zukunft von der Niveauabsenkung in der gesetzlichen Rentenversicherung betroffen sind.

Ob Sie selbst zu dem Personenkreis gehören, der Anrecht auf eine Förderung hat, können Sie aus der folgenden Liste ersehen.

Doch Achtung: Nicht nur Sie selbst müssen förderungsberechtigt sein – auch die Maßnahme selbst.

Das sollten Sie wissen

Die staatliche Förderung ist an folgende Voraussetzungen gebunden:

- Die Versicherten sind in der gesetzlichen Rentenversicherung pflichtversichert.
- Die Versicherten leisten Mindestbeiträge.

Ob für den Einzelnen neben der Zulagenförderung noch ein Sonderausgabenabzug in Betracht kommt, hängt von seiner persönlichen Situation ab.

Insbesondere die Höhe des Einkommens und die Anzahl der Kinder sind hier entscheidend.

Die Zulagenförderung

Die Zulagenförderung (§§ 84, 85 EStG) besteht aus einer Grundzulage und einer Kinderzulage.

Die Möglichkeit zum steuerlichen Sonderausgabenabzug, ist im Wesentlichen für Bezieher höherer Einkommen attraktiv und orientiert sich an der Beitragsbemessungsgrenze. Sind Ehegatten zusammen veranlagt, so steht jedem der Sonderausgabenabzug zu, vorausgesetzt beide Ehegatten sind pflichtversichert. Wenn nur einer der Ehegatten pflichtversichert ist, dann kann der Sonderausgabenabzug auch nur von diesem geltend gemacht werden.

Wer kann gefördert werden?

- Versicherungspflichtige Arbeitnehmer
- Versicherungspflichtige Selbstständige

Zulagenförderung

Jahr	Grundzulage	Kinderzulage (pro Kind)
2002/2003	€ 38	€ 46
2004/2005	€ 76	€ 92
2006/2007	€ 114	€ 138
ab 2008	€ 154	€ 185

Sonderausgabenabzug

Jahr	Steuerlicher Sonderausgaben-abzug, jährlich bis zu
2002/2003	€ 525
2004/2005	€ 1050
2006/2007	€ 1575
ab 2008	€ 2100

- Bezieher von Arbeitslosen- und Krankengeld
- Eltern, die ihre Kinder erziehen (längstens drei Jahre/Kind)
- Landwirte, die pflichtversichert sind
- Frauen und Männer, die Angehörige oder andere Menschen pflegen, ohne dass Krankenpflege ihr Beruf ist
- Wehr- und Zivildienstleistende
- Geringfügig Beschäftigte, die sich versichert haben

Nicht förderberechtigte Personen

- Beamte
- Beschäftigte im öffentlichen oder kirchlichen Dienst, bei denen eine beamtenähnliche Zusatzversorgung besteht
- Richter
- Soldaten
- Selbstständige, die nicht pflichtversichert sind

- Freiwillig Versicherte
- Pflichtversicherte in berufsständischen Versorgungseinrichtungen
- Geringfügig versicherungsfrei Beschäftigte

Sonderregelung

Auch wenn nur ein Ehegatte zum förderfähigen Personenkreis zählt, steht dem anderen Ehegatten die Grundzulage zu. Vorausgesetzt, dass dieser einen eigenen Altersvorsorgevertrag abschließt. Der Steuerfreibetrag steht dagegen nur den unmittelbar Förderberechtigten zu!

Das müssen Sie selbst beitragen

Eine weitere Voraussetzung für die Förderung ist, dass der Geförderte einen Mindesteigenbeitrag leistet.
Wenn Sie kein beitragspflichtiges Entgelt beziehen, wird von der Mindestbeitrags-Bemessungsgrundlage bei geringfügiger Beschäftigung (jährlich € 1 860) ausgegangen. Dies gilt nicht bei Versicherung über den Ehegatten.
Sollte der individuell errechnete Mindestbeitrag nach Abzug aller möglichen Zulagen jedoch den definierten Sockelbetrag (→ Tabelle rechts) unterschreiten, dann muss mindestens dieser Betrag als jährlicher Mindesteigenbeitrag geleistet werden (Sockelbetrag).

Eigenbeiträge

Jahr	Summe aus Eigen- und Förderbeitrag für maximale staatliche Förderung der zusätzlichen Altersvorsorge
2002/2003	1,0 Prozent des beitragspflichtigen Vorjahreseinkommens, höchstens bis zur Beitragsbemessungsgrenze
2004/2005	2,0 Prozent des beitragspflichtigen Vorjahreseinkommens, höchstens bis zur Beitragsbemessungsgrenze
2006/2007	3,0 Prozent des beitragspflichtigen Vorjahreseinkommens, höchstens bis zur Beitragsbemessungsgrenze
ab 2008	4,0 Prozent des beitragspflichtigen Vorjahreseinkommens, höchstens bis zur Beitragsbemessungsgrenze

Der Sockelbetrag ist also der Betrag, der für die Förderung mindestens aufgewandt werden muss:
Eigenvorsorge = Eigenanteil + staatliche Förderung

Sockelbetrag

Jahr	Versicherte		
	ohne Kind	mit einem Kind	mit zwei oder mehr Kindern
2002–2004	€ 45	€ 38	€ 30
ab 2005	€ 90	€ 75	€ 60

Grundsätze der Förderung

Doch bevor Sie eine Anlage suchen, die Ihr Alter sichert und die gleichzeitig vom Staat gefördert wird, ist es ratsam, sich einen guten Überblick über die zur Wahl stehenden Anlageprodukte zu machen. Sie sollten bei Ihrer Auswahl darauf achten, dass die gewählten Anlageformen für Ihr gutes Geld zu Ihrer persönlichen Situation passen. Nicht alle angebotenen Altersvorsorgemaßnahmen sind auch wirklich anerkannt und förderfähig. Das bedeutet jedoch nicht automatisch, dass sie nicht für die Altersvorsorge taugen.

Die Zertifizierung sagt aber nichts aus über die Qualität einer Anlageform. Sie besagt nur, ob sie den Förderkriterien entspricht.

Klug auswählen und vorausdenken

Der Staat fördert den von Ihnen gewählten Vertrag, sobald er die Bestimmungen des Bundesaufsichtsamtes für Versicherungen (Zertifizierungsstelle) erfüllt. Durch diese Zertifizierung eines Anlageproduktes ist für jeden rasch erkennbar, ob ein Altersvorsorgeprodukt förderfähig ist oder nicht. Eine Übersicht aller Schritte von der Auswahl bis zur Förderung einer Altersvorsorgemaßnahme finden Sie auf der hinteren Umschlagklappe.

Kriterien der Zertifizierung

Damit eine Altersvorsorgemaßnahme zertifiziert und vom Staat gefördert werden kann, muss sie erst einige Punkte erfüllen. Dieser umfangreiche Punktekatalog dient vor allem der Wahrung Ihrer Interessen. Die Punkte ermöglichen es Ihnen, den Unterschied zwischen zertifizierten und anderen Produkten besser einzuschätzen.

Die vom Staat gewährten Zulagen können auf höchstens zwei Verträge aufgeteilt werden.

1 Der Anleger zahlt im Rahmen des Vertrages regelmäßig eigene Beiträge zur Altervorsorge ein.

2 Die Leistungen aus dem jeweiligen Altersvorsorgevertrag, also die Auszahlungsphase, werden nicht vor Vollendung des 60. Lebensjahres bzw. vor dem Beginn einer regelmäßigen (gesetzlichen) Altersrente erbracht.

3 Bereits bei Vertragsabschluss sichert der Anbieter (Versicherungsunternehmen) dem Anleger zu, dass zu Beginn der Auszahlungsphase zumindestens die eingezahlten Altersvorsorgebeiträge für die Auszahlung zur Verfügung stehen. Oder anders formuliert: Notwendig ist eine Garantie der Rückzahlung der eingezahlten Beiträge.

4 Die Auszahlung erfolgt als lebenslange gleichbleibende oder steigende monatliche Leistung (Rente). (Bis zu drei Monate dürfen auch zusammengefasst werden.)

Als Alternative wurde vom Gesetzgeber anerkannt: Auszahlungsplan mit Restverrentung ab dem 85. Lebensjahr.

5 Die Beiträge sind vor Abtretung und Pfändung sowie Anrechnung in der Arbeitslosen- und Sozialhilfe geschützt.

6 Es ist vertraglich geregelt, dass der Anleger den Vertrag ruhen lassen oder ihn mit einer Frist von drei Monaten zum Ende eines Kalendervierteljahres kündigen kann.

7 Die Abschluss- und Vertriebskosten sind über einen Zeitraum von mindestens zehn Jahren verteilt worden.

8 Der Anleger ist bei Vertragsabschluss informiert worden über Höhe und zeitliche Verteilung der Abschluss- und Vertriebskosten, Umstellungskosten, Kosten der Vermögensverwaltung, Kosten beim Wechsel zu einem anderen Altersvorsorgeprodukt.

Die Aufteilung der Zulagen ist auf maximal zwei Verträge zulässig.

9 Der Anleger wird während der Laufzeit des Vertrages jährlich über Beitragsverwendung, Kapitalbildung, Kosten und Erträge unterrichtet und auch darüber, ob und wie ethische und ökologische Belange berücksichtigt werden.

10 Dem Anleger steht es offen, Kapital für Wohnungseigentum zu entnehmen (→ Seite 137).

11 Die Möglichkeit für eine ergänzende Hinterbliebenenabsicherung kann bestehen.

1 x 1 der Förderung

Förderfähige Produkte können sein

- Dementsprechend ausgestaltete private Rentenversicherungen
- Fondssparpläne
- Banksparpläne

Keine Förderfähigkeit besitzen

- Lebensversicherungen mit Kapitalauszahlung bei Versicherungsende
- Investmentfonds
- Sparbücher

Anbieter förderfähiger Altersvorsorgeprodukte können sein

- Lebensversicherungsunternehmen
- Pensionskassen
- Kreditinstitute
- Finanzdienstleistungsunternehmen
- Kapitalgesellschaften im Inland oder mit Sitz in einem anderen Staat des Europäischen Wirtschaftsraums
- Zweigstellen ausländischer Unternehmen, die nach den Aufsichtsvorschriften im Inland Geschäfte betreiben dürfen

Jedes Jahr müssen Sie Bescheinigungen erhalten über

- Die Höhe der im abgelaufenen Beitragsjahr geleisteten Altersvorsorgebeiträge
- Die Summe der dem Altersvorsorgevertrag gutgeschriebenen Zulagen
- Die Summe der geleisteten Altervorsorgebeiträge
- Den Stand des Altersvorsorgevermögens

Die betriebliche Altersvorsorge

Die Rente ist Ihnen aufgrund der gesetzlichen Regelung sicher. Zudem hat sie den Vorteil, dass Sie Ihnen kein zusätzliches finanzielles Engagement abverlangt: Sie zahlen zwar Beiträge, aber alles andere regelt sich für Sie »automatisch«. Trotzdem sollten Sie auch die beiden anderen Säulen der Altersvorsorge verstärkt in Anspruch nehmen, die betriebliche und die private Altersvorsorge. Nicht immer ist dabei der geförderten privaten Altersvorsorge der Vorzug zu geben. Mitunter kann der Abschluss eines Vertrages im Rahmen der betrieblichen Altersvorsorge vorteilhafter sein. Ein Vergleich lohnt immer.

Denkbar ist auch die Kombination aus Zulagenförderung und steuerfreier Entgeltumwandlungen im Rahmen einer geförderten betrieblichen Altersvorsorge.

Weniger als die Hälfte der männlichen Rentenempfänger und nicht einmal 15 Prozent der weiblichen Rentner beziehen aus ihrer Tätigkeit in der Privatwirtschaft eine Betriebsrente. Und lediglich 3,6 Prozent des Einkommens heutiger Rentner stammt aus betrieblicher Altersvorsorge.

Idee und Leistungen der betrieblichen Altersvorsorge

Gewährt ein Arbeitgeber seinem Arbeitnehmer bestimmte Leistungen für die Altersvorsorge im Fall einer Erwerbsminderung, oder unterstützt er Hinterbliebene, so spricht man von einer betrieblichen Altersvorsorge. Die Leistungen können in Heller und Pfennig erbracht werden, aber auch Sach- oder Nutzungsleistungen können Teil der betrieblichen Altersvorsorge sein. Diese Zahlungen und anderen Leistungen kann der Betrieb seinem Arbeitnehmer entweder lebenslang, zeitlich befristet oder auch nur einmalig gewähren.

Bisher waren solche betrieblichen Maßnahmen für die Arbeitnehmer in erster Linie freiwillige Leistungen der Unternehmen. Die neue Rentenreform soll nun die Unternehmen zu einem stärkeren Engagement verpflichten.

Die neue Situation

Prüfen Sie sorgfältig: Eine betriebliche Altersvorsorge kann unter Umständen für Sie vorteilhafter sein als der Abschluss eines geförderten privaten Altersvorsorgevertrags. Mit Wirkung vom 01.01.2002 gilt: Wenn Sie als Arbeitnehmer in der gesetzlichen Rentenversicherung pflichtversichert sind, so können Sie von Ihrem Arbeitgeber verlangen, dass bis zu vier Prozent Ihrer künftigen Entgeltansprüche für Ihre betriebliche Altersvorsorge verwendet werden. Es gibt fünf verschiedene Möglichkeiten der betrieblichen Altersvorsorge:

1 Direktzusage (unmittelbare Versorgungszusage)
2 Unterstützungskasse
3 Direktversicherung
4 Pensionskasse
5 Pensionsfonds

- Staatlich gefördert werden ab dem Jahr 2002: Direktversicherung, Pensionskasse und Pensionsfond werden im Rahmen der aktuellen Fördermöglichkeiten berücksichtigt.
- Nicht staatlich gefördert werden: Direktzusage und Unterstützungskasse sind dagegen nicht in die Förderung mit einbezogen. Diese Alternativen können aber trotzdem sowohl für Arbeitgeber als auch für Arbeitnehmer vorteilhaft sein.

Übrigens: Falls Ihr Chef sich nicht aus freien Stücken um eine betriebliche Altersvorsorge für Sie kümmern will, können Sie mit folgenden Argumenten Ihr Ziel erreichen:

- Erstens ist er seit dem 01.01.2002 dazu verpflichtet.
- Zweitens handelt es sich um das Prinzip der Entgelt-

umwandlung (→ Seite 85). Ihrem Arbeitgeber entstehen also keine Finanzierungskosten!

- Lassen Sie sich von Ihrem Betriebsrat darüber informieren, welche Möglichkeiten der Altersvorsorge im Unternehmen bestehen.

Arbeitnehmer können übrigens eine förderfähige betriebliche Altersvorsorge verlangen. Sie müssen also zu Unterstützungskasse und unmittelbarer Versorgungszusage nicht zustimmen. Die steuerliche Förderung (Zulagen und Sonderausgabenabzug) wird nur gewährleistet im Falle des individuell besteuerten Einkommens, für das auch bereits Beiträge zur Sozialversicherung geleistet wurden.

Diskutieren Sie mit Ihrem Chef die möglichen Modelle einer staatlich geförderten betrieblichen Altersvorsorge.

Ob die förderfähige betriebliche Altersvorsorge jedoch wirklich die günstigere ist, gilt es zu prüfen!!

Direktzusage

Verpflichtet sich ein Arbeitgeber, seinem Mitarbeiter – oder dessen Angehörigen – eine betriebliche Altersvorsorge zu gewähren, so spricht man von einer Direktzusage, wenn der Arbeitgeber keinen Dritten einschaltet. Solch ein Dritter wäre die Unterstützungskasse (→ Seite 88). Wenn Ihr Chef bzw. das Unternehmen, in dem Sie beschäftigt sind, Ihre betriebliche Altersvorsorge sozusagen direkt übernimmt, so wird dies vom Staat nicht gefördert.
Der Chef oder der Betrieb können eine solche Zusage übrigens auf ganz unterschiedliche Weise mit Ihnen vereinbaren. Folgende Formen gelten als rechtsverbindlich:

- Einzelzusagen (z. B. in einem Gespräch zwischen Ihnen und Ihrem Chef)
- Gesamtzusagen
- Verabschiedete Betriebsvereinbarungen
- Tarifverträge
- Besoldungsordnungen
- Betriebliche Übung (Eigeninitiative des Betriebes)
- Grundsatz der Gleichbehandlung

Rente vom Chef – die möglichen Modelle

Das Unternehmen kann dem Mitarbeiter gegenüber eine Leistungszusage, eine beitragsorientierte Leistungszusage oder eine Zusage in Form einer Entgeltumwandlung machen.

- Mit einer Leistungszusage wird Ihnen die Höhe Ihrer betrieblichen Rente verbindlich zugesagt.
- Die beitragsorientierte Leistungszusage beinhaltet dagegen eine andere Verpflichtung des Arbeitgebers. Er sagt Ihnen zu, bestimmte Beiträge für Ihre Altersrente, Invaliditäts- oder Hinterbliebenenrente zu verwenden. Bei dieser Variante hängt die Höhe der späteren Rente von den jeweils vorher geleisteten Beiträgen ab. Sie haben durch geschickte Verhandlungen mit der Firma die Möglichkeit, diese Beiträge direkt zu beeinflussen.

Gehen Sie möglichst gut vorbereitet in die Gespräche über Ihre Altersvorsorge. Das bringt Pluspunkte beim Chef!

- Bei der so genannten Entgeltumwandlung schließlich werden bestimmte Anteile Ihrer künftigen Entgeltansprüche in eine wertgleiche Anwartschaft auf Versorgungsleistungen umgewandelt. Das heißt, dass Teile Ihres Gehalts oder anderer Bezüge in einen gesonderten Fonds (Rückstellung) fließen, der für Sie eingerichtet wird.

Sie sehen: Alle drei Möglichkeiten der Direktzusage können dementsprechend entweder vom Arbeitgeber oder vom Arbeitnehmer finanziert werden. Das hängt von den getroffenen Vereinbarungen ab. Im Folgenden werden nun kurz die Auswirkungen dieser Form der betrieblichen Altersvorsorge unter steuerrechtlichen Gesichtspunkten dargestellt. Denn sie kann Konsequenzen für die Steuer und die Beiträge der gesetzlichen Altersvorsorge haben.

Die vom Arbeitgeber finanzierte Direktzusage

Eine Versorgungszusage (Rückstellungsbildung), die vom Arbeitgeber direkt finanziert wird, berührt Sie als Arbeitnehmer steuerlich zunächst nicht. Die Rückstellungen, die Ihr Arbeitgeber für Sie bildet, erscheinen, so lange Sie erwerbstätig sind und die Direktzusage aufgebaut wird, in keiner Form auf Ihrem monatlichen Lohnzettel. Erst wenn Sie als Arbeitnehmer die späteren Versorgungsleistungen erhalten, müssen Sie Lohn- oder Einkommensteuer zahlen, denn es handelt sich um Einkünfte aus nichtselbstständiger Arbeit (§ 19 EStG). Diese Form der Steuer nennt man auch nachgelagerte Besteuerung.

Doch von dieser Steuerschuld können Sie mehrere Posten in Abzug bringen. Wenn Sie als Steuerpflichtiger bereits Ihr 63. Lebensjahr (als Schwerbehinderte das 60. Lebensjahr) vollendet haben, bleibt ein Betrag in Höhe von 40 Prozent – oder maximal € 3072 – jährlich steuerfrei (Versorgungs-Freibetrag). Zusätzlich können Sie den Arbeitnehmer-Pauschbetrag für Werbungskosten in Anspruch nehmen. Dieser gesteht Ihnen aufgrund des § 9a Nr. 1 EStG einen Posten von € 1 044 pro Jahr zu sowie einen Sonderausgaben-Pauschbetrag (§ 10c EStG) von € 36 pro Jahr.

Die Finanzierung der Versorgungszusage hat außerdem keine unmittelbare Beitragspflicht zur Sozialversicherung zur Folge. Solange Sie noch erwerbstätig sind und Ihr Arbeitgeber die betriebliche Altersvorsorge für Sie finanziert, müssen Sie keine Beiträge zur Sozialversicherung leisten. Denn wie gesagt: Es erscheint ja nicht auf Ihrem Lohnzettel.

Tipp: Besprechen Sie alle möglichen Modelle der Altersvorsorge eingehend mit Ihrem Steuerberater.

Die später gezahlten Rentenleistungen sind dann für Sie aber beitragspflichtig, und zwar in der Kranken- und der Pflegeversicherung. Die Beitragspflicht besteht aber nur, wenn die spätere Rentenleistung höher ist als 1/20 der monatlichen Bezugsgröße. Für das Jahr 2001 heißt das: 1/20 von € 2 310 = € 115,50. Die Beitragszahlung trägt hier allein der Rentenbezieher.

Die vom Arbeitnehmer finanzierte Direktzusage

Auch wenn Sie selbst Beiträge zur betrieblichen Rentenversicherung leisten, erfolgt die Entgeltumwandlung aus Ihrem Bruttoeinkommen. Sie müssen also auch in diesem Fall keine Lohn- und Einkommensteuer bezahlen.
Im Hinblick auf die Beiträge zur Sozialversicherung gilt folgende Regelung:
Von 01.01.2002 bis 31.12.2008 besteht bis maximal vier Prozent der Beitragsbemessungsgrenze in der gesetzlichen Rentenversicherung Beitragsfreiheit.

- Es gilt: Für den Arbeitnehmer ist insbesondere die nachgelagerte Lohnversteuerung sowie bei Finanzierung durch den Arbeitgeber die Beitragsfreiheit in der Sozialversicherung von nicht geringem Vorteil.
- Aber: Eine Zulagenförderung bzw. ein Sonderausgabenabzug ist dann in diesem Fall nicht mehr möglich.

Unterstützungskasse

Das Prinzip der betrieblichen Altersvorsorge mit einer Unterstützungskasse entspricht weitgehend der Direktzusage (→ Seite 84). Der entscheidende Unterschied besteht darin, dass der Arbeitergeber die Rentenleistung nicht selbst gewährt, sondern eine selbstständige Versorgungseinrichtung, nämlich die Unterstützungskasse nutzt. Diese kann von einem oder mehreren Unternehmen getragen werden. Die Altersvorsorge des Betriebes wird also nicht durch den Arbeitgeber direkt gewährt, sondern er schließt dafür eine vertragliche Vereinbarung mit einem Dritten. Die Zusagearten können, genau wie bei der unmittelbaren Pensionszusage, in Form einer Leistungszusage, einer beitragsorientierten Leistungszusage oder einer Entgeltumwandlung erfolgen.

Es gilt: Für die steuerrechtlichen und beitragsrechtlichen Auswirkungen sowie die Fördermöglichkeiten gelten folglich die selben Aussagen wie bei der unmittelbaren Pensionszusage (→ Seite 84).

Pensionskasse

Eine Pensionskasse ist eine Versorgungseinrichtung, die von einem oder mehreren Unternehmen getragen wird. Entscheidender Unterschied zur ähnlich gestalteten Unterstützungskasse ist aber, dass in diesem Fall nicht die Firma Mitglied in der Pensionskasse ist, sondern die Arbeitnehmerinnen und Arbeitnehmer selbst. Sie und Ihre Kolleginnen und Kollegen sind Mitglieder, und daher zahlen Sie auch die Beiträge selbst ein.

Auch bei einem solchen Modell der Altersvorsorge handelt es sich um eine so genannte mittelbare Pensionszusage. Mittelbar ist die Maßnahme deshalb, weil der Arbeitgeber die Versorgungsleistungen nicht selbst gewährt, sondern dafür einen Dritten, nämlich eine Pensionskasse, einschaltet.

Die Pensionskasse kann betrieblich oder überbetrieblich organisiert sein. Sie unterliegt der Versicherungsaufsicht (Bundesaufsichtsamt für das Versicherungswesen oder Länderaufsichtsbehörde) und damit den Anlage- und Rechnungslegungsvorschriften des Versicherungsaufsichtsgesetzes (VAG).

An bestimmten Altersvorsorgemaßnahmen können sich die Mitarbeiter eines Betriebes aktiv beteiligen.

In welcher Art und Weise Ihnen Ihr Arbeitgeber die Leistungen so zusagen kann, dass sie rechtsverbindlichen Charakter haben, das können Sie in den Ausführungen zur unmittelbaren Pensionszusage nachlesen, die Sie auf Seite 84 genauer erläutert finden.

Ab 01.01.2002 besteht darüber hinaus die Möglichkeit der Beitragszusage mit Mindestleistung für den Arbeitgeber. Dieser verpflichtet sich dann, Einlagen zur Finanzierung von Leistungen zu übernehmen. Das heißt, dass er Beiträge für die betriebliche Altersvorsorge seiner Arbeitnehmer in die Pensionskasse, den Pensionsfonds oder in die Direktversicherung einzahlt.

Ist der Arbeitgeber mit der Durchführung der Entgeltumwandlung zu Gunsten einer betrieblichen Altersversorgung über eine Pensionskasse nicht einverstanden, kann der Arbeitnehmer keinen anderen Durchführungsweg verlangen.

- Es gilt: Wenn Sie als Mitarbeiter Mitglied in solch einer Pensionskasse sind, können Sie sich aufgrund der betrieblichen Altersvorsorge auf folgende Beträge freuen: Ihnen steht das zu errechnende Versorgungskapital entsprechend der gezahlten Beiträge zu – mindestens aber die Summe der zugesagten Beiträge.
- Wichtig: Was Sie mit Ihrem Chef »unter vier Augen« aushandeln, muss nicht für alle Mitarbeiter gelten.

Vom Arbeitgeber finanzierte Beiträge

Beiträge zur Pensionskasse, die Sie als Arbeitnehmer selbst einzahlen, wirken sich auf Ihre Steuer und die Beiträge zur gesetzlichen Sozialversicherung ab dem 01.01.2002 nicht aus. Voraussetzung für diese Erleichterung ist aber, dass diese Beiträge aus Ihrem ersten Dienstverhältnis stammen und dass sie insgesamt im Kalenderjahr nicht höher sind als vier Prozent der Beitragsbemessungsgrenze (→ Seite 42). Die Pensionskasse kann aber aus steuerlicher Sicht nicht so einfach wie die vorherigen Modelle gehandhabt werden.

Für den Arbeitgeber besteht die Möglichkeit, die Beiträge pauschal zu versteuern. Voraussetzung dafür ist allerdings, dass die Summe der Beiträge nicht höher ist als die festgesetzte Größe von € 1 752.

✣ Es gilt: Die Rentenleistungen, die Sie aus der Pensionskasse beziehen, müssen Sie voll versteuern (→ nachgelagerte Besteuerung, Seiten 86, 138

Berücksichtigt werden können hierbei aber:

1 Werbungskosten-Pauschbetrag (§ 9 a Nr. 3 EStG: € 102)

2 Altersentlastungsbetrag (§ 24 a EStG: 40 Prozent oder maximal € 1 908)

3 Sonderausgaben-Pauschbetrag (§ 10 c EStG: maximal € 36)

- Förderung: Eine steuerliche Förderung in Form von staatlich finanzierten Zulagen oder Sonderausgabenabzug (→ Seite 72 und 73) ist auch hier nur für Beiträge aus solchem Entgelt möglich, für das der Arbeitnehmer bereits vorher Steuern und Sozialversicherungsbeiträge geleistet hat.
- Achtung: Wenn Sie eine solche Rente beziehen, müssen Sie Beiträge in die Sozialversicherung einzahlen, wenn Ihre Rente die monatliche Bezugsgröße übersteigt.

Vom Arbeitnehmer finanzierte Beiträge

Günstiger sieht die Situation aus, wenn die Arbeitnehmer die Beiträge zur Pensionskasse selbst finanzieren. Dann nämlich bleiben die Beiträge ab dem 01.01.2002 steuerfrei. Einzige Voraussetzung hierfür ist, dass sie insgesamt im Kalenderjahr vier Prozent der Beitragsbemessungsgrenze (gesetzliche Rentenversicherung) nicht übersteigen.

- Es gilt: Die Pauschalversteuerung ist anwendbar, Schuldner der Pauschalsteuer ist der Arbeitgeber. Er kann diese jedoch auf den Arbeitnehmer abwälzen. Bis zum 31.12.2008 besteht Beitragsfreiheit bei der Sozialversicherung, wenn Pauschalversteuerung durchgeführt wird.

Den Abschluss der betrieblichen Altersvorsorge muss Ihr Arbeitgeber in die Hand nehmen.

Nutzen Sie schon früh die Möglichkeit, Ihre gesetzliche Rente durch eine betriebliche Altersvorsorge zu ergänzen.

- Eine steuerliche Förderung in Form von Zulagen oder Sonderausgabenabzug ist auch bei Beiträgen für eine Pensionskasse wiederum nur für solche Beiträge aus Entgelt möglich, für die bereits individuell Steuern und Sozialversicherungsbeiträge geleistet wurde.

Pensionsfonds

Ab dem Jahr 2002 ist als weitere Form der betrieblichen Altersversorgung die Einrichtung eines Pensionsfonds für die Betriebsangehörigen möglich. Dieses Modell der betrieblichen Altersvorsorge ist eine mittelbare Pensions-

zusage, und es ist in seinen Grundzügen der Pensionskasse sehr ähnlich. Der Pensionsfonds kann jedoch im Vergleich zur Pensionskasse wesentlich freier gestaltet werden. Da lebenslängliche Altersrenten mit der Möglichkeit der Abdeckung des Invaliditäts- und Hinterbliebenenrisikos gezahlt werden, können Pensionsfonds gefördert werden. Im Gegensatz zur Direktversicherung und zur Pensionskasse ist dem Arbeitgeber zudem eine risikoreichere Anlagenpolitik gestattet. Deshalb unterliegen die Pensionsfonds auch der Versicherungsaufsicht. Sie soll die Sicherheit des angelegten Altersvermögens gewährleisten.
- Steuer- und beitragsrechtlich entsprechen die Regelungen weitestgehend der Pensionskasse (→ Seite 89).

Direktversicherung

In Form einer Direktversicherung ist es für den Arbeitnehmer möglich, über den Betrieb eine Lebensversicherung abzuschließen. Bei dieser speziellen Form der Altersvorsorge schließt allerdings der Arbeitgeber auf das Leben des Arbeitnehmers oder seiner Hinterbliebenen die Versicherung ab. Daher ist auch der Arbeitgeber der Versicherungsnehmer – und die Versicherungssumme wird zunächst an ihn ausgezahlt.

Mögliche Formen der Direktversicherung sind:

- Kapitallebensversicherungen (einschließlich Risikoversicherungen)
- Rentenversicherungen
- Fondsgebundene Lebensversicherungen

Die Möglichkeiten der Beitragszahlung sind unterschiedlich. Grundsätzlich stehen zwei Modelle zur Wahl. Entweder übernimmt der Arbeitgeber die Zahlungen vollständig oder die Arbeitnehmer beteiligen sich selbst an den Beiträgen. Außerdem erlaubt das Modell die Regelung, dass die Arbeitnehmer die Beiträge auch durch eine Entgeltumwandlung übernehmen können.

Überdenken Sie jeden Vertragsabschluss gut. Vorzeitiges Aussteigen kostet Sie immer Geld.

- Es gilt: Unabhängig davon, wie die Beiträge zum Pensionsfonds finanziert werden, kann eine Pauschalversteuerung in Höhe von 20 Prozent bis zu einem Betrag von € 1 752 erfolgen.

Aus diesem Grund kennen bereits einige von Ihnen diese Form der betrieblichen Altersvorsorge. Die Möglichkeiten der günstigen Pauschalversteuerung waren nämlich schon vor der Rentenreform gegeben.

Bis zum 31.12.2008 müssen Sie für die pauschalversteuerten Beiträge im Übrigen keine Abgaben an die Sozialversicherung leisten.

Zusammenfassung

Um die Bestimmungen zur neuen Regelung der betrieblichen Altersvorsorge durchsichtiger zu machen, geben wir Ihnen abschließend eine Übersicht über die wichtigsten Punkte:

1 Ihr gutes Recht

Ab 01.01.2002 haben Sie das Recht, eine betriebliche Altersvorsorge zu verlangen.

2 Voraussetzungen

Ein Antrag auf Zulage oder auf Steuervorteil kann bei einer Direktversicherung, einer Pensionskasse oder bei einem Pensionsfonds gestellt werden.

- Direktversicherungen (→ Seite 95)
- Pensionkassen (→ Seite 89)
- Pensionsfonds (→ Seite 94)

3 Steuerfreiheit

Wer höhere Beiträge in eine Pensionskasse oder in einen Pensionsfonds einzahlt, kann bei der Steuererklärung zusätzliche Beiträge bis zu vier Prozent der Höchstbeitragsgrenze der Rentenversicherung steuerfrei und beitragsfrei einbringen.

4 Sicherheit

Ihre eigenen Beiträge sind für Sie von Anfang an sicher, auch wenn Sie den Arbeitgeber wechseln.

Ihre private Altersvorsorge

»Ganz Deutschland ist von der Versorgungslücke betroffen. Ganz Deutschland? Nein! Die Kunden einer mutigen, unabhängigen Finanzberatung haben die Zeichen der Zeit rechtzeitig erkannt. Sie konnten ihre persönliche Versorgungslücke bestimmen und intelligente Gegenmaßnahmen einleiten ...«

Je früher Sie die Altersvorsorge in Ihre Hand nehmen, desto dicker wird das Polster im Lauf der Jahre.

Mit diesen Sätzen umwirbt eine Finanzberatung im Internet Ihre Kunden. So betont »komisch« der Ansatz auch ist – im Kern enthält er viel Wahres. Denn wer trotz sinkendem Rentenniveau bei Eintritt ins Rentenalter keine Abstriche machen möchte, der muss sich nach anderen Wegen seiner persönlichen Altersvorsorge umsehen. Hier gilt es, neben der betrieblichen Altersvorsorge alle Möglichkeiten einer privaten Vorsorge auszuschöpfen.

Die Möglichkeiten, sich für sein Leben nach dem Erwerbsleben zusätzlich zu Rente und betrieblicher Altersvorsorge abzusichern, sehen auf den ersten Blick sehr umfangreich aus. Doch wenn man die Möglichkeiten und Angebote einer realistischen Beurteilung unterzieht, erkennt man schnell, was am besten zum eigenen Rahmen passt.

Viele Türen stehen Ihnen offen

Nicht für jeden ist der Kauf einer Immobilie möglich oder die beste Lösung. Die »klassischen« Sparprodukte, Investmentfonds, Versicherungen und vieles mehr, bieten andere Vorteile, die man kennen und gegeneinander abwägen sollte. Heute gibt es wesentlich mehr Anlagemöglichkeiten als den guten, alten »Sparstrumpf«, und Banken, Versi-

Nicht nur in Deutschland ist das eigene Zuhause die beliebteste Form der Altersvorsorge.

Im Vordergrund muss der Erhalt des angelegten Vermögens stehen.

cherungen, Kreditinstitute oder andere Finanzdienstleister bringen ständig neue Anlageideen auf den Markt. Prüfen Sie diese Produkte sorgfältig – auch unter dem Aspekt der Förderung! Punkte, die man in jedem Fall bedenken sollte, sind Aspekte wie Sicherheit, Rentabilität oder Verfügbarkeit.

Lassen Sie Ihr Geld arbeiten

Verschaffen Sie sich also am besten als Erstes einen Überblick über alle bestehenden Möglichkeiten, Ihr Geld gut anzulegen. Vermehren kann sich das Geld nur, wenn es »arbeitet«. Es muss investiert werden, um zumindest den Verlust an Wert aufzufangen, der durch die jährliche Inflation entsteht.

Richten Sie Ihr Augenmerk bei Ihrer Auswahl nicht ausschließlich auf die aktuell geförderten Rentenprodukte. Nicht immer ist eine geförderte Lösung die beste Lösung. Und noch ein Tipp: Setzen Sie nicht nur auf ein Pferd! Die Mischung macht es.

Verschiedene, wenn auch kleine Beiträge zur gesetzlichen Altersvorsorge verteilen das Risiko und erhöhen die Sicherheit. Man spricht in diesem Zusammenhang auch von der Streuung des Kapitals – und des ganzen Risikos.

Welche Anlagestrategie passt zu Ihnen?

Die Möglichkeiten der persönlichen Altersvorsorge, die Sie auswählen, sollten unbedingt auch zu Ihrer persönlichen Situation passen. Dabei berücksichtigen Sie zunächst Aspekte wie Ihr Alter, Ihr Einkommen oder Ihren Familienstand. Zusätzlich aber sollten Sie bei jeder Geldanlage »mit einem Bein in der Zukunft stehen«: Was ist mit der Ausbildung Ihrer Kinder? Wie läuft es beruflich – lassen sich realistisch weitere Entwicklungen abschätzen?

Die staatliche Förderung kann auf maximal zwei Verträge aufgeteilt werden. Die Ergänzung durch eine betriebliche Altersvorsorge ist ebenfalls möglich.

Prüfen Sie sich

Diese und andere Fragen ehrlich und aufrichtig zu beantworten hilft Ihnen, den für Sie passenden finanziellen Rahmen Ihrer Vorsorge zu finden.

Wer später einmal mehr Geld braucht, weil er größere Reisen plant oder einem anderen teuren Hobby nachgehen möchte, muss grundsätzlich mehr sparen. Und wenn Ihnen das schon in jungen Jahren klar ist, dann haben Sie auch noch genügend Zeit, entsprechend vorzusorgen. Je später man im Leben beispielsweise mit Ratenzahlungen für die Altersvorsorge beginnt, desto höher werden die einzelnen Monatsbeiträge.

Den Faktor »Zeit« berücksichtigen

Unter den vielen Anlagemöglichkeiten die richtige zu wählen, ist auch eine Sache der Erfahrung. Wer in späteren Jahren all sein Geld beispielsweise in eine Immobilie im Ausland investiert, der macht möglicherweise Fehler. Ein Mensch, der dagegen schon in jungen Jahren beginnt, sich für die Art und Weise, in der heute mit Geld gewirtschaftet und gearbeitet wird, zu interessieren, macht zwar wahrscheinlich auch Fehler. Aber er hat Zeit, aus ihnen zu lernen.

Gehen Sie Ihre Altersvorsorge an! Aber vergessen Sie nicht die Absicherung Ihrer aktuellen Situation.

Es gibt keine Garantien

Die einzelnen Möglichkeiten, wie man sein Geld vermehren kann (Anlageprodukte), unterscheiden sich grundsätzlich durch zwei Eigenschaften, die es zu prüfen gilt. Ihre jeweilige Sicherheit, beziehungsweise die Risiken gilt es mit der möglichen Rente abzuwägen. Während bei Sparmöglichkeiten natürlich die Sicherheit groß geschrieben

In welchem Alter welche Anlage?

Alter bei Beginn der Anlage	Sehr gut	Verwendbar	Eher nicht
20 – 40 Jahre	Immobilie Investmentfonds Fondssparpläne Börsennotierte Anlagen	Sparprodukte Private Rentenversicherung Bundeswertpapiere	
40 – 50 Jahre	Investment-fonds Fondssparpläne Betriebliche Altersvorsorge	Immobilie Sparprodukte Bundeswertpapiere Private Rentenversicherung Börsennotierte An-lagen	
50 – 65 Jahre	Investmentfonds Fondssparpläne Betriebliche Altersvorsorge	Sparprodukte Bundeswertpapiere Festverzinsliche Wertpapiere	Immobilie Aktien

wird, steht bei anderen Möglichkeiten eine hohe Rendite im Vordergrund. Diese höhere Renditemöglichkeit ist jedoch zumeist verbunden mit einem deutlich höheren Risiko, das angelegte Geld zu verlieren oder zumindest einen Wertverlust zu verbuchen.

Quälen Sie sich nicht

Das Sicherheitsbedürfnis ist bei jedem von uns anders ausgeprägt. Der Kauf von Aktien beispielsweise kann sich lohnen, aber nur, wenn Sie auch bei Kursverlusten nachts noch gut schlafen können.

Je früher Sie mit der richtigen Anlage beginnen, desto größer ist der Effekt der Zinseszinsen.

- Wenn Sie Zeit haben und schlechte Zahlen »aussitzen« können, ist solch eine Geldanlage meist richtig.
- Wenn Sie aber wissen, dass Sie dieses Geld bald brauchen oder es zu einem ganz bestimmten Zeitpunkt benötigen werden, dann sollten Sie auf sicherere Produkte setzen.
- Beachten Sie eine goldene Grundregel: Je näher Sie dem Rentenalter kommen, desto sicherer sollte Ihr Geld angelegt sein. Ihnen bleibt sonst »am Tag X« unter Umständen nicht mehr genug Zeit, um verlorenes Geld neu zu verdienen oder um größere Beträge wieder zu erwirtschaften.

Auf Nummer sicher: Geld sparen

Irgendwann im Leben war es so weit: Man hat mehr verdient, als man für sein tägliches Leben brauchte. Die Frage war: Wohin mit dem Überschuss? Für die meisten Menschen ist in dieser Situation die Antwort ganz einfach. Sie sparen.
Die nachfolgend genannten Konditionen bei einzelnen Anlagen haben den Stand vom Januar 2002.

Übrigens gibt es das Sparbuch schon seit 1934! Und noch immer ist es die beliebteste »Geldanlage«.

Überblick Sparprodukte

Wenn Sie mit Bankern verhandeln, werden Sie rasch merken, dass sie ihre eigene Sprache sprechen. Während wir umgangssprachlich von verschiedenen Möglichkeiten der Geldanlage ausgehen, spricht Ihr Gegenüber von Produkten. Denn so, wie Sie im Supermarkt nur eine begrenzte Auswahl an Produkten kaufen können, so haben Banken, Versicherungen, Kreditinstitute und andere Finanzdienstleister auch ganz bestimmte Produkte, die Sie Ihnen vorstellen können.
Aus diesem großen Angebot können Sie als Kunde dann das Passende auswählen.

Kurzinfo Sparbuch	
Sicherheit	Kein Risiko
Zinsen	1,5 Prozent
Flexibilität	Maximalbeträge pro Monat, Kündigungsfrist
Ertrag	Zinsen werden von Inflation »aufgefressen«
Bewertung	Nicht empfehlenswert

Zu den konventionellen, häufig nachgefragten Sparprodukten gehören:

- Anlagen in Festgelder
- Sparbriefe
- Ratensparverträge
- Termingelder
- Guthaben auf Sparbüchern

Ein großer Vorteil solcher konventioneller Anlagen ist ihre vergleichsweise hohe Sicherheit. Denn sogar wenn das Bankinstitut »pleite gehen« würde, müsste der so genannte Einlagensicherungsfonds (bzw. der zuständige Verband), zu dem übrigens auch die meisten deutschen Banken gehören, dafür sorgen, dass die Anleger ihr angelegtes Geld zurückerhalten.

Wichtig ist: Jede der Ihnen angebotenen Sparvariationen individuell prüfen und die Konditionen vergleichen! Wenn Sie im Warenhaus ein Produkt wie etwa ein T-Shirt kaufen, kann das weiß sein oder dunkelrot – und aus Baumwolle oder Polyester. Und genau so ist das auch bei den Produkten, die unsere Banken anbieten!

Guthaben auf Sparbüchern

Ein besonderes Kapitel sind Guthaben, die auf Sparbüchern eingezahlt werden. Vor allem sind es ältere Menschen, die noch den Krieg erlebt haben, die ihr Erspartes aufs Sparbuch einzahlen. Allen anderen Geldanlagen stehen sie sehr skeptisch gegenüber, weil diese ihnen zu »unsicher« scheinen. Bevor es allerorten Geldautomaten gab, bot das Sparbuch auch den Vorteil, dass man jederzeit Geld abheben konnte. Doch es soll ausdrücklich gesagt werden: Sparbücher sind keine Geldanlage, und manch einer behauptet sogar, es sei eher eine schlechte Angewohnheit. Wirklich sinnvoll ist diese Anlageart in der Tat nicht mehr, da heute selbst Tagesgeldkonten bessere Konditionen anbieten. Im Allgemeinen halten die Zinsen auf Sparbüchern knapp mit der Inflationsrate Schritt:

- Ist die Verzinsung allerdings geringer als die Inflationsrate, betreibt man aktive Geldvernichtung.

Tages- und Festgeldkonten

Tages- und Festgeldkonten sind Konten, die Sie auf der Bank oder Sparkasse ebenso einrichten können wie Ihr Girokonto. Sie legen einen bestimmten Betrag aufs Konto und erhalten entweder einen Zins, den die Bank täglich festlegen kann (Tagesgeldkonto). Oder Sie erhalten einen Zins, der für eine bestimmte Laufzeit fest vereinbart ist. Dieses Festgeld, mit Laufzeiten zwischen einem und zwölf Monaten, wird etwas höher verzinst. Man ist aber eingeschränkt, da man während der vereinbarten Laufzeit entweder gar nicht über das Geld verfügen kann – oder nur mit Verlusten.

Gerade bei Tagesgeldkonten lohnt es sich sehr, die Angebot der Banken zu vergleichen und flexibel zu sein.

Kurzinfo Tagesgeld/Festgeld

Sicherheit	Kein Risiko
Zinsen	2 bis 4,5 Prozent
Flexibilität	Keine oder kurze Kündigungsfristen beim Tagesgeld
Beim Festgeld	Feste Laufzeiten
Bewertung	Als kurzfristige Anlage sinnvoll, aber unbedingt Angebote vergleichen, z. B. unter http://www. termingeld.de oder unter www.stiftung-warentest.de

Beide Anlageformen eignen sich gut als Geldanlage, wenn Sie einen größeren Betrag verfügbar haben, sich aber erst ein Bild machen wollen, wofür Sie Ihr Geld langfristig verwenden möchten. Über Tagesgeldkonten können auch die Mindestsummen angespart werden, die für andere Geldanlagen notwendig sind.
Auch wenn Sie wissen, dass Sie Gelder in nächster Zeit für bestimmte Anschaffungen benötigen, können diese ebenfalls auf Tages- oder Festgeldkonten geparkt werden. Grundsätzlich sollte dort auch ein Notgroschen (zwei bis drei Nettomonatseinkommen) frei verfügbar sein. Übrigens eignen sich diese Konten gut für Onlinebanking.

Sparbriefe und sonstige Sparprodukte

Sparbriefe gibt es in den vielfältigsten Ausprägungen und Anlagemöglichkeiten. Hier ist der Phantasie der Banken keine Grenze gesetzt. Üblich ist jedoch, dass ein größerer Betrag eingelegt wird, es werden feste Zinsen vereinbart sowie eine Laufzeit festgelegt. Die Laufzeiten sind von Bank zu Bank und von Modell zu Modell unterschiedlich, üblich sind heute Zeiten zwischen zwei und zehn Jahren. Die Namen der Produkte sind dagegen von Anbieter zu Anbieter sehr verschieden. Die Banken sind bei der Ausgestaltung ihrer Sparbriefe sehr einfallsreich.
Sie können meist wählen zwischen zwei Angeboten:

Lassen Sie sich beraten, aber schließen Sie nie einen Vertrag sofort ab. Erkundigen Sie sich nach Alternativen.

Kurzinfo Sparbrief

Sicherheit	Kein Risiko
Zinsen	3,5 bis 5,5 Prozent
Flexibilität	Abhängig vom Vertrag; häufig muss der Kunde zwölf Monate warten, bis er kündigen kann und kommt erst drei Monate später an sein Geld.

- Bei der einen Form werden die Zinsen jährlich ausgezahlt, der Anlagebetrag jedoch erst am Ende der Laufzeit. Der Vorteil hierbei ist, dass Sie jährlich über die Erträge verfügen können und Ihre jährlichen Steuer-freibeträge nutzen können.
- Bei der anderen Form erhalten Sie am Ende der Laufzeit Ihren Anlagebetrag mit Zins und Zinseszins zurück. Die Zinsen müssen dann rückwirkend für die gesamte Laufzeit im Jahr der Fälligkeit versteuert werden.

Sparpläne

Bei einem Sparplan legt der Sparer jeden Monat einen kleinen Betrag zur Seite und spart auf diesem Wege eine bestimmte Summe an. Sie können Sparpläne sehr gut miteinander vergleichen, wenn man Ihnen ausrechnen kann,

Kurzinfo Sparpläne

Sicherheit	Kein Risiko
Zinsen	3,5 bis 5,5 Prozent, häufig variabel
Flexibilität	Hängt vom jeweiligen Vertrag ab

Vergleichen Sie unbedingt alternative Angebote

welchen Ertrag der Sparplan am Ende einer bestimmten Laufzeit bringt. Problematisch ist nur, dass bei den meisten Sparplänen der Anbieter (Bank oder Sparkasse) die Zinsen ändern kann.
Prüfen Sie unbedingt, wie sich ein vorzeitiger Ausstieg aus dem Sparplan auswirkt!

Bundeswertpapiere

Den meisten von uns sind die vorab besprochenen Sparmöglichkeiten gut vertraut. Man kennt sie seit der Kindheit und durchschaut das System, das zur Wertsteigerung des eingezahlten Betrages führt. Das erklärt sicher einen großen Teil ihrer Beliebtheit. Denn man neigt dazu, Dingen zu vertrauen, die man bereits kennt. Allem Neuen begegnen wir dagegen mit Zurückhaltung und Zweifel. Schon bei den Bundeswertpapieren haben manche das Gefühl, die Kontrolle über ihr Geld und die Vorgänge der Wertsteigerung zu verlieren. Und das, obwohl alle Formen der Bundeswertpapiere in puncto Sicherheit gut mit den Sparangeboten der Banken konkurrieren können – und sie an Rendite sogar übertreffen.

Übersicht Bundeswertpapiere

Doch das System, das hinter allen Bundeswertpapieren steht, ist einfach und entfernt mit dem System der Schuldscheine verwandt. Wenn der Staat Geld braucht, hat er die Möglichkeit, sich dazu etwas bei den Bürgern (Privatpersonen) zu leihen. Dazu werden von Staatsseite Wertpapiere ausgegeben, für deren spätere Einlösung der Staat garantiert. Natürlich erhalten die Bürger dafür, dass sie ihr Geld an den Staat verleihen, Zinsen.

Übers Internet können Sie auch direkt bei der Bundesschuldenverwaltung anfragen: http://www.bsv.de

Bundeswertpapiere gibt es bereits ab € 50. Sie können bei allen Banken, Sparkassen und Landeszentralbanken gebührenfrei erworben und später wieder eingelöst werden. Auch die Verwaltung der Papiere kostet nichts, wenn Sie diese der Bundesschuldenverwal-

tung in Bad Homburg überlassen. Liegen die Papiere dagegen bei Banken und Sparkassen, werden oft Depotgebühren fällig.
Die Bundeswertpapiere mit der größten Nachfrage sind:

- Bundesschatzbriefe
- Finanzierungsschätze des Bundes
- Bundesobligationen

Bundesschatzbriefe

Bundesschatzbriefe wurden erstmals im Jahr 1969 ausgegeben. Sie sind also eine relativ junge Anlageform, was möglicherweise erklärt, warum die Nachfrage bei ihnen nicht so häufig ist wie bei Sparplänen . Gedacht sind sie für

Kurzinfo Bundesschatzbriefe

Sicherheit	Kein Risiko
Zinsen	2,5 (1. Jahr) bis 4,5 Prozent (7. Jahr)/ (Stand 12/01)
Mindestkaufsumme	€ 50
Flexibilität	Sie können nach Ablauf des ersten Laufzeitjahres jederzeit zurückgegeben werden, und zwar bis zu einem Nennwert von € 5 000 je 30 Zinstage und Gläubiger. Ausgezahlt werden das Kapital und die angesammelten Zinsen.

Welche Form der Bundeswertpapiere für Sie die günstigste ist, klären Sie am besten in einem Gespräch.

Sparer, die kleinere Beträge ohne Kursrisiko anlegen möchten. Beide Typen (A und B) sind geeignete Anlageformen für Privatpersonen und kleinere wie mittlere Firmen.

- Typ A: Laufzeit von sechs Jahren und jährliche Zinsauszahlung
- Typ B: Laufzeit von sieben Jahren und Zinsansammlung

Sie können ab einem Mindestauftragswert von € 50 erworben werden.

Finanzierungsschätze

Finanzierungsschätze sind Papiere, für die Sie am Tag, an dem Sie sie erwerben, weniger zahlen, als sie einmal Wert

Kurzinfo Finanzierungsschätze

Sicherheit	Kein Risiko
Verkaufszins	2,96 Prozent Laufzeit ein Jahr / 3,14 Prozent Laufzeit zwei Jahre (Stand 12/01) Der Verkaufszinssatz kann auch während des Verkaufs einer Serie an die Marktentwicklung angepasst werden
Mindestkaufsumme	€ 500
Flexibilität	Feste Laufzeit von zwölf oder 24 Monaten, ein vorzeitiger Verkauf ist nicht möglich.
Finanzierungsschätze werden weiterhin in DM ausgegeben	

sein werden. Die Papiere werden mit einem Preisabschlag (Diskont), der der Verzinsung entspricht, an Sie verkauft. Nach der jeweils vereinbarten Laufzeit von einem oder zwei Jahren verkaufen Sie die Papiere dann zum Nennwert wieder.

Wenn Sie also Papiere zum Nennwert von € 1 000 kaufen, bezahlen Sie dafür nur € 962,70 – bei einem entsprechenden Verkaufszinssatz. Nach einem Jahr geben Sie die Papiere zurück und erhalten € 1 000. Der Mindestauftragswert liegt bei € 500. Maximal € 250 000 können pro Person und Geschäftstag erworben werden.

Bundesobligationen

Bundesobligationen sind staatliche Wertpapiere – gekennzeichnet durch einen festen Zinssatz, eine jährliche konstante Zinszahlung und eine Laufzeit von fünf Jahren und sechs Monaten.

Es werden dauernd neue Obligationen ausgegeben. Aus der jeweils aktuellen Serie stehen etwa sechs Monate lang Papiere zur Verfügung, die folgende Interessenten kaufen können: jeder Bürger (natürliche Personen), aber auch Wohnungseigentümergemeinschaften sowie gebietsansässige Einrichtungen, die gemeinnützigen, mildtätigen oder kirchlichen Zwecken dienen. Die Bundesobligationen werden ohne Berechnung von Kosten oder Gebühren zu einem Mindestauftragswert von € 100 (Nennwert) über die

Kurzinfo Bundesobligationen

Sicherheit	Kein Risiko zum Ablauf; während der Laufzeit kann der Kurswert unter dem Kaufpreis liegen
Zinsen	vier Prozent (Stand 12/01)
Mindestkaufsumme	€ 100
Flexibilität	Verkauf jederzeit über die Börse möglich
Laufzeit	Fünf Jahre für Emissionen, an der Börse werden »alte« Papiere mit kürzerer Restlaufzeit gehandelt

Bundesschuldenverwaltung, Kreditinstitute und Landeszentralbanken ausgegeben. Erst wenn die ganze Serie aufgekauft ist, wird sie an der Börse eingeführt und kann dort von jedermann zum aktuellen Tageskurs ge- und verkauft werden. Anfang 2002 betrug der Bestand an emittierten Bundesobligationen etwa 69 Mrd. Euro.

Übrigens: Wer einen Teil seines in Wertpapieren angelegten Vermögens braucht, sollte wissen, dass man fast alle festverzinslichen Papiere jederzeit beleihen kann.

Infos über Bundeswertpapiere

http://www.bsv.de
Die Konditionen werden unter den folgenden Nummern und Adressen bekannt gegeben:

Automatische Ansage
Telefon: (069) 1 97 18
Konditionen per Fax-Abruf:
Telefax: (069) 25 70 20 010

Informationsdienst für Bundeswertpapiere
Postfach 10 12 50
60012 Frankfurt
Telefon: (069) 74 77 11
Telefax: (069) 74 77 70

Aktien

»Die Welt des Börsenparketts. Früher eine Angelegenheit für Profis, heute ein Volkssport – allerdings ein riskanter.«

Duden: Wörterbuch der New Economy

Geld, das Sie für Ihre Altersvorsorge zurücklegen, muss immer bis zu einem gewissen Grad sicher angelegt sein. Denn je näher man seiner Rente kommt, desto sicherer sollte das angelegte Vermögen sein. Richtig ist, dass es sich bei Aktien um eine risikoreiche Investition handelt. Richtig ist aber auch, dass Aktien als Beteiligungen an Unternehmen langfristig gesehen eine durchaus sinnvolle Geldanlage sein können. Aber beim Handeln mit Aktien muss man ein paar Regeln beherrschen.

Schauen Sie einmal auf das Portal http://www.maxblue.de

- Es gilt: Geld, das in Aktien angelegt ist, darf nie (!) zu einem ganz bestimmten Zeitpunkt benötigt werden. Nur dann kann man auch mittelfristig Wertschwankungen »aussitzen«.
- Wichtig ist auch, dass Sie in Ihrem Aktiendepot die richtige Mischung haben. Also streuen Sie Ihre zur Verfügung stehenden Beträge, z. B. unter dem Gesichtspunkt »risikoreich« bzw. »risikoarm«.

Kurzinfo Aktien

Sicherheit	Kursschwankungen können zu Verlusten führen. Die wichtigste Regel lautet: Für die Altersvorsorge nie alleine auf Aktien setzen
Gewinne	Schwankend
Mindestkaufsumme	Keine
Flexibilität	Sehr hoch
Laufzeit	Aktien können jederzeit an der Börse gehandelt werden. Der kürzeste Weg, über den auch Privatpersonen handeln können, ist das Internet.

Wer Aktien kaufen möchte, sollte sich Zeit nehmen, um die Unternehmen gut kennen zu lernen, an denen er sich per Aktienkauf beteiligt.

- Informieren Sie sich bei einem Anlageberater in der Bank Ihres Vertrauens.
- Lassen Sie sich den Jahresbericht zuschicken.
- Verfolgen Sie die Börsenkurse über mehrere Wochen (besser noch: Monate) gewissenhaft und regelmäßig.
- Sehen Sie sich den Auftritt der Firma im Netz an.

Das Internet ist außerdem eine der besten Möglichkeiten, sich die Welt der Börsen zu erschließen. Denn auch Privatpersonen können sich so am Handel beteiligen.

Garantierte Erfolge gibt es an der Börse nicht. Wichtig sind Informationen und ein Gespür für den Puls der Wirtschaft.

Investmentfonds

Wenn Ihnen Aktien zu riskant und das ständige Verfolgen der Kursentwicklungen zu aufwändig sind, dann gibt es für Sie eine gute Alternative – die Investmentfonds. Auch hier ist die Idee einfach. Viele Anleger tun sich zusammen und legen Ihr Geld gemeinsam an. Beim Investmentfonds tun sie das nicht selbst, sondern es gibt einen Fondsmanager, der die Verwaltung des Geldes übernimmt. Er kauft für das Geld festverzinsliche Wertpapiere, Aktien und Immobilien.

Gute Renditen der Vergangenheit sind keine Garantie für die Zukunft.

Übersicht

Um die Sicherheit dieser Geldanlagen zu erhöhen, wurde geregelt, dass nicht das ganze eingesetzte Kapital auf einmal verloren gehen kann. Es ist gesetzliche Bestimmung, dass Fonds, die Aktien- und Rentenpapiere beinhalten, aus mindestens 16 Titeln bestehen müssen. Und in Immobilienfonds müssen es mindestens zehn Grundstücke oder Bauten sein. In Wirklichkeit haben fast alle Fonds viel mehr Titel im Depot. Je nach dem Schwerpunkt der Werte und Titel, die im Depot enthalten sind, unterscheidet man:

- Offensive Fonds mit einem hohen Aktienanteil

- Ausgeglichene Fonds, bei denen sich Aktien und Renten die Waage halten
- Defensive Fonds mit hohem Rentenanteil

Fonds unterliegen der Rücknahmeverpflichtung. Damit kommen die Anleger immer an ihr Geld. Aber auch hier gilt, dass man in schlechten Phasen Verluste machen kann.

Der Wert als Altersvorsorge

Wichtig ist, dass Investmentfonds ein im Grunde guter Baustein der Altersvorsorge sind, denn sie sind ihrer Natur nach langfristige Anlagen.

Gemischte Anlage

Empfehlenswert ist in diesem Zusammenhang übrigens ein Start über eine Einmalzahlung mit anschließendem Sparplan: Der Zinseszinseffekt wird voll genutzt.

Wir möchten Ihnen an dieser Stelle auch das Mischen von Fonds und Aktien vorstellen. Denn die Anlage des eigenen Vermögens in Aktien und in Fonds birgt Steuervorteile. Kursgewinne sind nur dann steuerpflichtig, wenn Sie Ihre Fondsanteile innerhalb des ersten Jahres verkaufen. Steuerpflichtig sind dagegen die Erträge, die Fonds erwirtschaften. Es ist daher vorteilhaft, wenn die laufenden Erträge der Aktienfonds lediglich einen Bruchteil im Verhältnis zu den Kursgewinnen ausmachen (sollten!). Der größere Teil sollte auf die Kursgewinne der Aktien fallen. Kursgewinne werden nur steuerpflichtig, wenn die Fondsanteile vor Ablauf eines Jahres vom Anleger verkauft werden.

- Es gilt: Vergleichen Sie Angebote und Kosten: Oftmals »fressen« hohe Verwaltungsgebühren die Gewinne auf!

Fondssparpläne

Bei Fondssparplänen zahlt der Anleger regelmäßig einen bestimmten Betrag ein, von dem Fondsanteile gekauft werden. Der Anleger kann die Regeln hier häufig selbst mitbestimmen, er kann z. B. festlegen, wie hoch der Sparbetrag ist oder wie er eine Einzahlung leistet. Gerade für junge Menschen ist dies ein guter und unkomplizierter Weg, mit wenig Aufwand eine kleine Sicherheit aufzubauen. Per Dauerauftrag oder Einzugsermächtigung wächst so in aller Stille Kapital an.

- Die Vorteile: Raten können auch erhöht oder bei Bedarf verringert oder ausgesetzt werden. Es ist jederzeit möglich, sich das Geld auszahlen zu lassen.
- Wichtig: Auch hier heißt es, aktuelle Werte zu überprüfen. Es ist von Vorteil, wenn man das Geld in schlechten Phasen nicht braucht. Steht die Börse dagegen hoch, können Sie Ihre Anteile ohne großes Risiko verkaufen.

Kurzinfo Fondssparpläne

Sicherheit	Die Risikostreuung ist größer als bei Aktien. Doch Kursschwankungen können auch hier zu Verlusten führen. Auf die Gebühren achten. Für die Altersvorsorge nie alleine auf Aktien setzen!
Gewinne	Schwankend
Mindestkaufsumme	Keine
Flexibilität	Sehr hoch
Laufzeit	Fondssparpläne können jederzeit an der Börse gehandelt werden.

Das Altersvorsorge-Sondervermögen (AS)

Fonds des Altersvorsorge-Sondervermögens wurden im April 1998 vom Gesetzgeber neu zugelassen. Es handelt sich um besondere Mischfonds, in denen das Geld der Anleger gestreut und in Aktien, Beteiligungen, verzinslichen Wertpapieren und Immobilien angelegt wird. Steuerlich entspricht das Altersvorsorge-Sondervermögen einem Investmentfonds (→ Seite 122). Die Altersvorsorge-Fonds sollen ein höheres Sicherheitsimage bekommen als andere Fondstypen. Es gelten deshalb besondere gesetzliche Rahmenvorschriften. Hier ein Auszug aus den wichtigsten Bestimmungen:

- Mindestens 51 Prozent des Fondsvermögens müssen in Aktien, Beteiligungen und Immobilien investiert werden.
- Der Anteil von Aktien und Beteiligungen muss mindestens 21 Prozent und darf höchstens 75 Prozent betragen.
- Der Immobilienanteil darf maximal 30 Prozent betragen.
- Höchstens 30 Prozent des Fondsvermögens dürfen in Anlagen fließen, die einem Währungskursrisiko ausgesetzt sind.
- Investitionen in Derivaten (Optionen, Futures und Ähnliches) sind nur in begrenztem Umfang zur Absicherung (nicht zur Spekulation) erlaubt.
- Gewinne werden nicht ausgeschüttet, sondern werden sofort reinvestiert (Thesaurierender Fonds).
- Die Investment-Gesellschaft ist verpflichtet, neben Einmalanlagen auch Sparpläne anzubieten.
- Es müssen Sparpläne mit einer Laufzeit über mindestens 18 Jahre oder bis zum 60. Lebensjahr angeboten werden.

Wie sicher sind die AS-Fonds?

Wer sein Geld in AS-Fonds anlegt, ist verpflichtet, regelmäßig, mindestens einmal jährlich Fondsanteile in beliebiger Höhe zu kaufen. Er kann den Vertrag jederzeit unter Einhaltung einer Kündigungsfrist von drei Monaten zum Quartalsende kündigen. Bei Arbeitslosigkeit oder Erwerbs-

Je später man die Chancen der privaten Altersvorsorge nutzt, um so wichtiger ist es, unnötige Risiken zu meiden.

unfähigkeit beträgt die Frist vier Wochen zum Monatsende. Die Investment-Gesellschaft muss nach Ablauf von drei Viertel der vereinbarten Laufzeit den kostenlosen Umtausch der Anteile in andere Fondsanteile, die weniger wertschwankend sind, anbieten. (Beispiel: Umtausch in Anteile eines Rentenfonds, Immobilienfonds, Geldmarktfonds.) Trotzdem gilt auch hier:

- Angebote vergleichen und Konditionen prüfen. Ein Teil des Risikopotenzials des Fonds (Anlageschwerpunkt) ergibt sich aus den Vertragsbedingungen.
- Altersvorsorge-Fonds bieten keine Renditegarantie oder Ablaufgarantie. Sie schützen nicht vor Verlusten.

Die private Rentenversicherung

Zu den Produkten, die Versicherungsgesellschaften im Rahmen der Altersvorsorge anbieten, gehört die private Rentenversicherung. Bei dieser Möglichkeit handelt es sich um Sparverträge, bei denen eine Garantie auf eine lebenslange Rentenzahlung ab einem vereinbarten Termin gegeben wird.

Zunächst gibt es eine Ansparphase, während der Sie bestimmte monatliche Beträge in die Versicherung einzahlen. Ihr Versicherer legt diese Beiträge ertragbringend an.

✧ Wichtig: Aufgrund der angestrebten, lebenslangen Rentenzahlung gehört die private Rentenversicherung zu den vom Gesetzgeber geförderten Anlageformen.

Die Vorteile

Zusätzlich bietet die private Rentenversicherung die Möglichkeit, eine eventuelle Erwerbsunfähigkeit mit zu versichern. Der Anteil der Beiträge darf aber hierbei 15 Prozent nicht übersteigen.

Das Einstiegsalter bei einer privaten Rentenversicherung sollte am günstigsten etwa zwischen 35 und 45 Jahren liegen. Eine vorzeitige Kündigung ist bei einem geförderten Abschluss allerdings nicht möglich. Wer trotzdem kündigt, muss in fast allen Fällen mit finanziellen Einbußen rechnen. Sie können sich übrigens aus Ihrer geförderten privaten Rentenversicherung selbst Geld leihen, um eine selbstgenutzte Immobilie zu erstehen. Sie müssen das Geld aber wieder zurückzahlen.

- Wichtig: Wenn Sie einen solchen Vertrag unterschreiben, sollten Sie auf die Zertifizierung achten, um in den Genuss der staatlichen Zulagen zu kommen. Dann ist auch garantiert, dass die während der Laufzeit eingezahlten Beiträge Ihnen später in voller Höhe zur Verfügung stehen.

Kapitallebensversicherung

In Deutschland wird die Kapitallebensversicherung »geliebt«. Obwohl sie als Anlageform mit Sicherheit nicht das Optimale ist, wird diese völlig unflexible Form der Geldanlage intensiv nachgefragt. Die Kapitallebensversicherung verbindet zwei Aspekte: Auf der einen Seite steht der Sparplan, der durch monatliche Beträge erfüllt wird. Auf der anderen Seite steht der Todesfallschutz.

Vorteile und Nachteile

Wer seine Familie sichern will und gleichzeitig etwas für die Rente tun möchte, kann die Kapitallebensversicherung

Viele glauben noch immer, den geliebten Partner über eine Lebensversicherung gut absichern zu können.

wählen. Sie gehört zu den sicheren Anlageformen. Dafür sorgt die staatliche Aufsicht. Doch Vorsicht: Wer kündigt, zahlt drauf! Ein Ausstieg aus einem einmal geschlossenen Vertrag ist deshalb in der Regel von Nachteil. Dazu kommt, dass die monatlichen Beiträge geleistet werden müssen, ob die finanzielle Situation es zulässt oder nicht.

Überlegen Sie eine Vertragskündigung gut

Üblicherweise besteht zwar theoretisch laut geschlossenem Vertrag die Möglichkeit, die regelmäßigen Beiträge auszusetzen. Beispielsweise werden Krankheitsfall oder Erziehungsurlaub meist im Vertrag genannt. Aber häufig sind mit einer Vertragskündigung finanzielle Einbußen verbunden. Für den, der kein gesichertes, regelmäßiges Einkommen besitzt, ist die Kapitallebensversicherung nicht das richtige Instrument.

- Wir raten Ihnen: Die Versicherung sollte mindestens eine Laufzeit von zwölf Jahren haben.
- Der Versicherte sollte mindestens fünf Jahre lang Beiträge geleistet haben, bevor er einen einmal geschlossenen Vertrag aufkündigt.
- Der Schutz vor einem möglicherweise eintretenden Todesfall muss mindestens 60 Prozent aller einzuzahlenden Beiträge betragen. Dann hat er einen interessanten Vorteil: Der ausgezahlte Betrag ist steuerfrei.
- Erkundigen Sie sich nach Rentengarantiezeiten.

Kurzinfo Kapitallebensversicherung

Sicherheit	Die Sicherheit entspricht den Mindestvereinbarungen des Vertrages.
Gewinne	Vertraglich vereinbart
Mindestkaufsumme	Keine
Flexibilität	Geringe Flexibilität, da bei einer Kündigung des Vertrages Verluste entstehen
Laufzeit	Ab 12 Jahre günstiger

Schön und nützlich – das Eigenheim

Ein eigenes Haus oder eine eigene Wohnung – das ist sicher prinzipiell nicht die schlechteste Art der Altersvorsorge! Da es beim Immobilienkauf aber von Anfang an um viel Geld und eine erhebliche und langfristige finanzielle Bindung geht, will ein solches Projekt gut überlegt sein.
Das Wichtigste vorweg: Ihr Haus oder Ihre Wohnung sollten unbedingt abbezahlt sein zum Zeitpunkt des Rentenbeginns. Nur dann, wenn Sie keine Darlehen mehr tilgen müssen, tritt Entlastung ein. Dann allerdings kann eine gesparte Miete ganz entscheidend dazu beitragen, dass Sie Ihren Lebensstandard in späteren Jahren mit Leichtigkeit halten können.

Die finanzielle Situation klären

Machen wir uns nichts vor: Immobilienkauf ist Arbeit. Auch Arbeit mit Geld! Checken Sie Ihre eigene Situation, und fragen Sie sich:

- Eigenkapital: Welche finanziellen Mittel können Sie zum Kauf nutzen? Ohne Eigenkapital geht nichts! 20 Prozent der Kauf- oder Bausumme sind gut – 40 Prozent besser.
- Einkommen: Welche monatliche Belastung können Sie in den kommenden Jahren wirklich gut verkraften?

- Alter: Wie lange sollen notwendige Darlehen laufen?
- Berufliche Perspektiven: Wenn Sie beispielsweise von Berufs wegen regelmäßig mit einer Versetzung rechnen, dann ist der Kauf zu überdenken. Von einem gemieteten Objekt trennt man sich immer mit weniger Aufwand.

Die richtige Wahl treffen

Und dann muss natürlich ein genauer Blick auf die Immobilie selbst geworfen werden. Fragen Sie sich

- Wo steht Ihr Traumhaus, oder wo liegt Ihre Traumwohnung? (Regionale Unterschiede in der Entwicklung beachten!)
- Was kostet es, ein vergleichbares Objekt zu mieten?
- Wie ist der Zustand – stehen größere Renovierungen an?
- Wie hoch sind die laufenden Kosten?

Prüfen Sie alle erreichbaren Protokolle der Eigentümerversammlungen. So kommen Sie unliebsamen Überraschungen zuvor.

Besonders bei Eigentumswohnungen in größeren Wohneinheiten kann man mitunter Überraschungen erleben. Da können plötzlich auf einen Schlag hohe Summen für Verwaltung und Hausmeisterservice anfallen oder für größere Reparaturen. Es kann einiges an Kosten zusammenkommen, das den Vorteil der Mietfreiheit deutlich reduziert.

Der Finanzplan

Wenn Sie sich an die Finanzierung Ihrer Immobilie machen, dann erstellen Sie unbedingt einen Finanzplan.

Denken Sie auch an die Nebenkosten des Erwerbs:

- Grunderwerbssteuer, Notar- und Grundbucheintragskosten sowie Maklerprovision summieren sich. Fünf bis zehn Prozent des Gesamtpreises kommen durch diese Erwerbsnebenkosten nochmals zusammen. Bedenken Sie, dass diese Kosten sofort beim Kauf fällig sind.

Sprechen Sie Ihren Finanzplan am besten mit jemandem durch, der bereits eine Immobilie gekauft hat.

- Tipp: In neuen Wohnungen fehlt noch die Küche! Auch hier fallen sofort nochmals nicht unerhebliche Kosten an.

Aber der Kauf eines Hauses oder einer Wohnung, die man selbst nutzt, wird vom Gesetzgeber finanziell unterstützt.

- Der Staat gibt bei einer selbstgenutzten Immobilie etwas dazu. Acht Jahre lang sind es € 2 556 für einen Neubau, € 1 278 für einen Altbau und nochmals € 767 pro Kind.
- Fragen Sie die Stadtverwaltung nach Fördermitteln von den Kommunen, den Ländern oder vom Bund.

Informieren Sie sich zusätzlich bei mehreren Banken und Sparkassen über die Zinsen und Tilgungen. Erfragen Sie die Höhe des Hausgeldes und die Grunderwerbssteuer.

Sind die eigenen vier Wände einmal abbezahlt, entfällt ein beträchtlicher Teil der monatlichen Ausgaben.

Bausparen

Die meisten Deutschen betrachten den Kauf einer Immobilie als äußerst erstrebenswert und als eine besonders gute Geldanlage. Und deshalb investieren viele ihr Geld in Bausparverträge.

Das Prinzip des Bausparens ist, dass man sich durch das (Bau-)Sparen einen Anspruch auf ein zinsgünstiges Darlehen erwirbt. Der Zinssatz für dieses spätere Darlehen steht bereits zum Vertragszeitpunkt fest. Den Preis für dieses zinsgünstige Darlehen »bezahlt« man mit den geringen Zinsen für das Guthaben in der Ansparphase. Abschluss- und Kontoführungsgebühren kommen auch noch dazu.

Lohnt sich Bausparen überhaupt?

Besonders in Zeiten niedriger Anlagezinsen kann Bausparen attraktiv sein. Denn man kann sich günstige Konditionen sichern. Um mit den Beträgen aus einem Bausparvertrag zu rechnen, muss man sich im Klaren über den voraussichtlichen Zuteilungstermin sein. Üblicherweise müssen mindestens 40 bis 50 Prozent der Bausparsumme angespart sein. Erst wenn Mindestguthaben und Zielbewertungszahl erreicht sind, wird der Vertrag zugeteilt.

Aktuelle Förderdatenbank des Bundeswirtschaftsministeriums unter www.bmwi.de

- Achten Sie auf das richtige Verhältnis von Bausparsumme und monatlicher Sparrate. Denn je höher die Bausparsumme im Verhältnis zum Sparbeitrag ist, desto länger dauert die Zuteilung.
- Aufgepasst: Bauspardarlehen haben oft eine Anfangstilgung von sieben bis acht Prozent (Bankdarlehen: ein Prozent). So können die Monatsraten doch hoch werden.

Bausparförderung

Alle unbeschränkt einkommensteuerpflichtigen Bausparer ab 16 Jahren erhalten die staatliche Wohnungsbauprämie von zehn Prozent auf eigene Einzahlungen, das sind € 512 (bzw. bei Ehegatten € 1024). Als Voraussetzung müssen jährlich mindestens € 52 gespart werden. Wohnungsbauprämien bekommen Bausparer bis zu einem zu versteuernden Jahreseinkommen von € 25 600 (Alleinstehende) oder € 51 200 (Ehepaare).

- Bauspardarlehen dürfen ausschließlich zu wohnungswirtschaftlichen Zwecken verwendet werden. Die Sparguthaben können selbstverständlich zu jedem Zweck verwendet werden. Die Wohnungsbauprämien fordert der Staat dann zurück, wenn das Guthaben innerhalb der vorgenannten Bindungsfrist von sieben Jahren zu anderen als den wohnungswirtschaftlichen Zwecken verwendet wird.
- Wichtig: Wenn Sie einige Jahre in eine geförderte Altersvorsorge eingezahlt haben, können Sie einen Teil des ersparten Geldes (zwischen € 10 000 und € 50 000) zinslos entnehmen, um eine Immobilie anzuzahlen, die Sie selbst nutzen. Dieser Kredit muss aber zurückgezahlt werden.

Kurzinfo Bausparen

Risiko	Keines
Einstiegsalter	Ab 16 Jahre
Flexibilität	Bei einer Kündigung vor Ablauf von sieben Jahren gehen in der Regel die Bausparförderung und Bonuszinsen verloren.

Glossar

Aktie Die Aktie ist ein Wertpapier, das einen Anteil am Eigenkapital einer Aktiengesellschaft beurkundet. Der Eigentümer der Aktie hat bei einer Gewinnausschüttung einen Anspruch auf einen Anteil des Gewinns.

Altersvorsorge, private Die wichtigste Ergänzung zur gesetzlichen Rente. Vom Gesetzgeber wird sie in Form der »Riester-Rente« aktiv gefördert. Die private Altersvorsorge ist kapitalgedeckt, d. h., dass alles Gesparte zuzüglich Zinsen wieder zurückbezahlt wird.

Beitragsbemessungsgrenze Für das Jahr 2002 liegt die festgesetzte Beitragsbemessungsgrenze bei € 54 000. Das heißt, dass jeder, der dieses Einkommen hat oder mehr verdient, den gleichen Betrag in die Rentenversicherung einzahlt.

Beitragssatz Versicherte, deren Bruttoverdienst unter der Beitragsbemessungsgrenze liegt, zahlen einen bestimmten Prozentsatz ihres Bruttogehalts an die Rentenversicherung. Der Beitragssatz lag in den letzten zehn Jahren zwischen 17,5 und 20,3 Prozent.

Besteuerung, nachgelagerte Werden z. B. bei bestimmten Formen der betrieblichen Altersvorsorge Geldbeträge über längere Zeit einbehalten, die dann beim Antritt der Rente ausbezahlt werden, so müssen diese Beträge »nachträglich« versteuert werden.

Durchschnittsverdienst Als Durchschnittsverdienst wird in Deutschland das Bruttodurchschnittsentgeld pro Jahr festgesetzt. Es lag 1991 bei DM 44 421 und liegt 2002 bei € 28 518.

Inflationsrate Geldentwertung, die sich durch ständig steigende Preise für Endprodukte zeigt. Die Inflationsrate liegt in Deutschland seit einigen Jahren bei ca. drei Prozent.

Kapitalanlage Das Anlegen von Geldvermögen in Zins oder Gewinn bringenden Vermögenswerten wie Wertpapiere, Aktien und Fonds.

Leistungszusage Im Rahmen der betrieblichen Altersvorsorge werden mit dem Arbeitnehmer bestimmte Zahlungen oder andere Vergünstigungen fest vereinbart.

Rendite Die Höhe der reinen Wertsteigerung eines Wertpapiers wird in Zinsen ausgedrückt. Die Rendite entspricht den Prozent des Anschaffungs- oder Tageswertes. Sie wird meist für ein Jahr berechnet und spiegelt nicht wider, was z. B. an Kauf- oder Verwaltungskosten von der Rendite abgerechnet wird (entspricht dem Effektivzins).

Rentenanpassung Jährliche Anpassung an die veränderte Einkommensentwicklung aller Versicherten, insbesondere an die Entwicklung der Nettolöhne der Arbeitnehmer. Berechnet wird die Rente mit dem aktuellen (neuen) Rentenwert.

Rentenniveau Das aktuelle Rentenniveau beträgt 70 Prozent des Nettoeinkommens. Im Lauf der kommenden Jahre wird die Höhe der Rente langsam auf 64 Prozent sinken.

Rentenrechtliche Zeiten Für die Rente berücksichtigt werden nicht nur Jahre, in denen Beiträge für die Rente erbracht wurden. Auch Ersatzzeiten (z. B. Wehrdienst), Anrechnungszeiten (z. B. Arbeitslosigkeit, Krankheit), Zurechnungszeiten und Berücksichtigungszeiten (z. B. Kindererziehungs- und Pflegezeiten) werden anteilig angerechnet.

»Riester-Rente« Staatliche Unterstützung bei der privaten Altersvorsorge. Wer gesetzlich rentenversichert ist, kann nach Abschluss zertifizierter Vorsorgeverträge Zuschüsse für einen Teil seines Vorjahres-Bruttoeinkommens erhalten: 2002 ein Prozent, ab 2004 zwei Prozent, ab 2006 drei und ab 2008 vier Prozent.

Sonderausgabenabzug Sonderausgaben sind private Ausgaben, die nicht in Zusammenhang mit einer der üblichen Einkunftsarten stehen. Solche Privatausgaben können bei der Einkommensteuererklärung geltend gemacht werden, wenn das Gesetz dies wegen der förderungswürdigen Minderung der wirtschaftlichen Leistungsfähigkeit des Steuerpflichtigen vorsieht.

Vorsorgevertrag Nicht jede Geldanlage, die als Vorsorgevertrag von Versicherungen, Banken und anderen Finanzdienstleistern angeboten wird, kann gefördert werden. Gefördert werden nur Verträge, die vom Bundesaufsichtsamt für das Versicherungswesen geprüft und für gut befunden wurden (zertifiziert) – wie viele klassische Rentenversicherungen und Investmentsparpläne.

Zinsen Wer bei einer Bank oder Sparkasse in irgendeiner Art und Weise Geld investiert, verleiht es damit an dieses Geldinstitut. Für diese Geldleihe werden vom Geldinstitut Zinsen ausgezahlt.

Über dieses Buch

Die Autorin Katharina Lehmann ist Diplom-Kauffrau. Sie war zunächst in einem Consulting-Unternehmen als Beraterin kleiner und mittelständischer Betriebe tätig, bevor sie sich im Bereich Unternehmens- und Existenzgründungsberatung selbstständig machte.

Haftungsausschluss Die Inhalte dieses Buches sind sorgfältig recherchiert und erarbeitet worden. Dennoch kann weder die Autorin noch der Verlag für die Angaben in diesem Buch eine Haftung übernehmen.
Weiterhin erklären Autorin und Verlag ausdrücklich, dass sie trotz sorgfältiger Auswahl keinerlei Einfluss auf die Gestaltung und die Inhalte der gelinkten Seiten haben. Deshalb distanzieren sich Verlag und Autorin hiermit ausdrücklich von allen Inhalten aller Seiten und machen sich diese Inhalte nicht zu Eigen. Diese Erklärung gilt für alle in diesem Buch aufgeführten Links.

Bildnachweis Image Bildagentur GmbH, München: 11 (de Lossy), 16 (Erlanson), 32 (Brown), 48 (Barros & Barros), 83 (White/Packert), 90 (Grimberg), 99 (Wolf), 121 (Wolf), 130 (Wilkinson), 135 (Homa); Mauritius, Die Bildagentur GmbH, Mittenwald: 39 (Male), 108 (Lehn), 110 (Stock Image); Premium, Stock Photography GmbH, Düsseldorf 2 (M. Carr), 12 (Stock Image), 55 (Stock Image), 115 (Tiedge), 127 (Stock Image); Project Photos, Digitale Bildarchiv, Augsburg: 60, 94

Sonderausgabe für Droemersche Verlagsanstalt
Th. Knaur Nachf. GmbH & Co., München

Projektleitung: Friederike Lutz
Redaktion: agentur Z, Veronika Zemme
Bildredaktion: Susanne Allende
Umschlag/Titelbild: Zero Werbeagentur, München
Innenlayout und Satz: KL-Grafik, München
Reproduktion: Uhl und Massopust, Aalen
Druck und Bindung: Offizin Andersen Nexö – ein Betrieb der INTERDRUCK Graphischer Großbetrieb GmbH, Leipzig
Gedruckt auf chlorfrei gebleichtem Papier

Printed in Germany

ISBN 3-426-66458-5

Stichwortverzeichnis